贵州法治发展报告·法治毕节系列

毕节行政执法协调监督研究

THE COORDINATION AND SUPERVISION
OF ADMINISTRATIVE LAW ENFORCEMENT
IN BIJIE, GUIZHOU

主　编/吴大华　李　斌

社会科学文献出版社
SOCIAL SCIENCES ACADEMIC PRESS (CHINA)

编　委　会

主编简介

吴大华 侗族，法学博士后，经济学博士后；贵州省社会科学院党委书记，贵州省法治研究与评估中心主任、贵州省首批新型特色高端智库"国家治理体系和治理能力现代化现代化地方实践高端智库"首席专家；二级研究员，华中科技大学、云南大学、西南政法大学、贵州民族大学、贵州师范大学博士生导师；国家哲学社会科学领军人才、全国文化名家暨"四个一批"人才、全国杰专业技术人才、国务院政府特殊津贴专家。主要研究方向：刑法学、民族法学（法律人类学）、犯罪学、马克思主义法学、循环经济。主要社会兼职有：中国法学会常务理事、中国法学会民族法学研究会常务副会长、中国人类学民族学研究会法律人类学专业委员会主任委员、贵州省法学会副会长兼学术委员会主任，以及贵州省人大常委会、贵州省人民政府法律顾问室、贵州省高级人民法院、贵州省人民检察院咨询专家。先后出版《中国少数民族犯罪与对策研究》等个人专著13部，合著《法治中国视野下的政法工作研究》等35部，主编23部；发表法学论（译）文300余篇；主持国家级科研课题6项、省部级科研课题10余项。

李　斌　毕节市司法局党组书记、局长，毕节强制隔离戒毒所第一政委，毕节市委依法治市办常务副主任，中共毕节市委第三届委员会委员，贵州省法治研究与评估中心研究员、贵州大学法学硕士研究生校外导师。长期在基层司法机关、党政部门任职，曾获全国法院先进个人、贵州省检察系统先进个人、贵州省审判业务专家称号等。曾带领基层法院开展司法体制改革试点工作，率先开展的十余项改革在全国或全省获得表扬表彰或受到国家领导人肯定。

目　录

总报告

毕节行政执法协调监督工作体系建设试点：实践与启示

专题篇

专题一　市直执法部门的行政执法协调监督探索

案例篇

目　录

附　录

总报告

毕节行政执法协调监督工作体系建设试点：实践与启示

毕节行政执法协调监督工作体系
建设试点的背景与基础

中共中央的系列精神和要求，明确了加强行政执法监督在推进国家治理现代化法治化中的必要性、重要性，同时也指明了加强行政执法监督的基本路径和措施。中国特色社会主义进入新时代，中华民族迎来了从站起来、富起来到强起来的伟大飞跃。当前，世界百年未有之大变局加速演变，国际环境不稳定性、不确定性明显上升，我国日益走近世界舞台中央，国内改革发展稳定任务日益繁重，新时代社会主要矛盾已经发生转化，全面依法治国在党和国家工作全局中的地位更加突出、作用更加重大。对包括行政执法及其监督工作在内的党和国家的各项工作都提出了许多新的、更高的要求。在新时代，广大人民群众的法律意识、维权意识、监督意识不断增强，对民主、法治、公平、正义的向往更强烈、要求更高，反映在行政执法方面，要求执法必须兼顾程序正义和实体正义、兼顾法律效果和社会效果，既要讲公平又要讲效率、既要严格依法办事又要人性化。满足人民群众的这些需求，对行政执法及其监督工作来说都是巨大的压力和挑战，既需要行政执法机关努力提升执法水平，也需要大力改进和加强行政执法监督。

3

一　行政执法协调监督工作体系建设背景

党的十八大以来，以习近平同志为核心的党中央提出了全面依法治国的新理念新思想新战略，开辟了全面依法治国理论和实践的新境界，开启了中国特色社会主义法治的新时代。全面推进依法治国，总目标是建设中国特色社会主义法治体系，建设社会主义法治国家。在中国共产党领导下，坚持中国特色社会主义制度，贯彻中国特色社会主义法治理论，形成完备的法律规范体系、高效的法治实施体系、严密的法治监督体系、有力的法治保障体系，形成完善的党内法规体系，坚持依法治国、依法执政、依法行政共同推进，坚持法治国家、法治政府、法治社会一体建设，实现科学立法、严格执法、公正司法、全民守法，促进国家治理体系和治理能力现代化。

习近平法治思想中的十一个坚持中的一个坚持就是"坚持依法治国、依法执政、依法行政共同推进"，全面依法治国是一个系统工程，必须统筹兼顾、把握重点、整体谋划，更加注重系统性、整体性、协同性。依法治国、依法执政、依法行政是一个有机整体，关键在于党要坚持依法执政、各级政府要坚持依法行政。法治国家、法治政府、法治社会三者各有侧重、相辅相成，法治国家是法治建设的目标，法治政府是建设法治国家的主体，法治社会是构筑法治国家的基础。法治政府建设是重点任务和主体工程，要重点推进，率先突破。

在我国，80%以上的法律、90%以上的地方性法规和所有的行政法规以及规章都属于行政法的范畴，依赖行政机关执行。法治政府建设需要通过加强监督以促进严格规范公正文明执法，这是一个重要的理论和实践议题。行政执法监督可分为广义和狭义，广义的行政执法监督是一切主体对行政主体执法行为过程和内容进行监察、督促、检查和纠正的行为，包括外部监督和内部监督，外部监督是人大、政协、监察委员会、法院、检察院、媒体、社会团体、人民群众等的监督以及执政党的监督，内部监督是行政机关内部的层级监督和审计、行政复议等专门性监督。狭义的行政执法监督是指行政机关内部上级行政机关对下级行政机关行政执法的层级监督。狭义的行政执法监督具有常态化、及时性等特点，在防范和纠正行政执法权违法与不当行使、促进行政执法质量和水平提升、维护行政相对人合法权益等方面具有十分重要的现实意义，是推进国家治理现代化法治化，尤其是法治政府建设的重要内容。党的十八大以来的各类文件对狭义的行政执法监督都提出了明确的要求。

党的十八届三中全会通过的《中共中央关于全面深化改革若干重大问题的决定》从全面深化改革、推进国家治理现代化的高度，明确要求："完善行政执法程序，规范执法自由裁量权，加强对行政执法的监督，全面落实行政执法责任制和执法经费由财政保障制度，做到严格规范公正文明执法。"党的十八届四中全会通过的《中共中央关于全面推进依法治国若干重大问题的决定》从全面依法治国、建设法治国家的高度，明确提出："完善政府内部层级监督和专门监督，改进上级机关对下级机关的监督，建立常态化监督制度"；"全面落实行政执法责任制，严格确定不同部门及机构、岗位执法人员执法责任和责任追究机制，加强执法监督，坚决排除对执法活动的干预，防止和克服地方和部门保护主义，惩治执法腐败现象"。党的二十大报告对扎实推进依法行政明确指出："法治政府建设是全面依法治国的重点任务和主体工程。转变政府职能，优化政府职责体系和组织结构，推进机构、职能、权限、程序、责任法定化，提高行政效率和公信力。深化事业单位改革。深化行政执法体制改革，全面推进严格规范公正文明执法，加大关系群众切身利益的重点领域执法力度，完善行政执法程序，健全行政裁量基准。强化行政执法监督机制和能力建设，严格落实行政执法责任制和责任追究制度。完善基层综合执法体制机制。"

（一）行政执法三项制度已取得成效

行政执法"三项制度"是行政执法公示制度、执法全过程记录制度、重大执法决定法制审核制度的简称，它聚焦行政执法的源头、过程、结果三个关键环节，突出行政执法透明、留痕、合法的特色，对监督执法、规范执法具有基础性、突破性作用。行政执法三项制度是在深化国家治理的时代背景下应运而生并不断深化发展的。推行行政执法"三项制度"对于促进行政机关严格规范公正文明执法、保障和监督行政机关有效履行职责、维护人民群众合法权益，具有重要意义。可以这样说，"三项制度"是保证执法监督效果的重要前提。

2012 年习近平总书记在首都各界纪念现行宪法公布施行 30 周年大会上的讲话中指出，坚持依法治国、依法执政、依法行政共同推进，坚持法治国家、法治政府、法治社会一体建设。这为法治政府建设和规范行政执法奠定了新的思想理念基础。

党的十八届三中全会决定指出，完善行政执法程序，规范执法自由裁量权，加强对行政执法的监督，全面落实行政执法责任制和执法经费由财政保障制度，做到严格规范公正文明执法。决定对行政执法工作提出了更加具体的改革发展要求。党的十八届四中全会决定指出，要完善执法程序，建立执法全过程记录制度，严格执行重大执法决定法制审核制度，推行行政执法公示制度。"三项制度"的完善落实在高规格的党内文件中得以确立。为了落实党的十八届四中全会精神，中共中央、国务院印发《法治政府建设实施纲要（2015—2020年）》，明确了"三项制度"在法治政府建设中应作为具体的措施和制度加以实施。2016 年 12 月 30 日，中央全面深化改革领导小组第三十一次会议审议通过了行政执法三项制度试点工作方案。

2017 年 1 月 19 日，国务院办公厅印发《推行行政执法公示制度执法全过程记录制度重大执法决定法制审核制度试点工作方案》。对进一步推动"三项制度"的完善和落实，提出如下建议。一是在行政执法公示方面，应坚持"以公开为常态、不公开为例外"的原则，建立健全行政执法事前事中事后公开机制，通过线上公开和线下公开相结合的方式，向社会全面公开执法主体，执法依据和权限，执法过程和结果，执法违法或不当的监督方式、救济途径等信息。二是在执法全过程记录方面，对执法过程中涉及的程序启动、调查取证、审查决定、文书送达和归档等活动的记录进行全面规范；加强执法移动端建设，推动执法现场检查、调查取证、证据保全、送达执行等各环节执法信息实时录入、全程留痕；加大经费投入，配齐行政执法记录设备并及时更新。三是在重大执法决定法制审核方面，进一步明确审核的主体、范围、内容、程序，力争做到应审尽审；着力解决基层法制审核人员力量及能力不足问题，建立健全政府法律顾问协助参与法制审核工作机制，提高审核把关质量；在开展行政复议、行政执法案卷评查等工作时，检查重大行政执法决定法制审核制度的落实情况。四是强化现代信息技术的应用。2018 年 12 月，经过两年的试点，积累了足够的经验后，国务院办公厅印发了《关于全面推行行政执法公示制度执法全过程记录制度重大执法决定法制审核制度的指导意见》（国办发〔2018〕118 号）。行政执法"三项制度"在全国迅速全面铺开，为行政执法监督以及进一步的行政执法协调监督的顺利进行提供了有力保障。

（二）行政执法协调监督的提出与落实

1. 中央层面的提出

相较于行政执法监督，行政执法协调监督更强调将整个行政执法监督体系从省级到乡级能够理顺。加强行政执法协调监督，对于促进严格规范公正文明执法，建设法治政府，构建党统一领导、全面覆盖、权威高效的法治监督体系具有重要意义。2021 年初，中共中央印发的《法治中国建设规划（2020—2025 年）》中明确提出，建设法治中国的总体目标包含权力运行受到有效制约监督，其中的（十六）专门指向加强对执法工作的监督。加强省市县乡四级全覆盖的行政执法协调监督工作体系建设，强化全方位、全流程监督，提高执法质量。加大对执法不作为、乱作为、选择性执法、逐利执法等有关责任人的追责力度，落实行政执法责任制和责任追究制度。完善行政执法投诉举报和处理机制。随后，在 2020 年 11 月 16 日的中央全面依法治国工作会议上，习近平总书记又指示："要加强省市县乡四级全覆盖的行政执法协调监督工作体系建设，强化全方位、全流程监督，提高执法质量。"

2021 年 8 月，中共中央、国务院印发了《法治政府建设实施纲要（2021—2025 年）》，并发出通知，要求各地区各部门结合实际认真贯彻落实。《法治政府建设实施纲要（2021—2025 年）》中着重提到执法监督之处有："（五）深入推进"放管服"改革。……推进投资领域行政执法监督……（七）加强重要领域立法。……研究制定行政备案条例、行政执法监督条例①……八、健全行政权力制约和监督体系，促进行政权力规范透明运行……（二十六）加强对行政执法制约和监督。加强行政执法监督机制和能力建设，充分发挥行政执法监督统筹协调、规范保障、督促指导作用，2024 年年底前基本建成省市县乡全覆盖的比较完善的行政执法协调监督工作体系。全面落实行政执法责任，严格按照权责事项清单分解执法职权、确定执法

---

① 《贵州省行政执法监督办法》已于 2017 年 11 月 28 日贵州省人民政府第 110 次常务会议通过，自 2018 年 2 月 1 日起施行。

责任。加强和完善行政执法案卷管理和评查、行政执法机关处理投诉举报、行政执法考核评议等制度建设。大力整治重点领域行政执法不作为乱作为、执法不严格不规范不文明不透明等突出问题，围绕中心工作部署开展行政执法监督专项行动。严禁下达或者变相下达罚没指标，严禁将罚没收入同作出行政处罚的行政机关及其工作人员的考核、考评直接或者变相挂钩。建立并实施行政执法监督员制度。"2021 年 10 月 15 日，司法部办公厅发出《关于开展省市县乡四级行政执法协调监督工作体系建设试点工作的通知》，试点时间为一年。

2. 贵州的落实

2022 年 3 月，中共贵州省委、贵州省人民政府印发《贵州省法治政府建设实施方案（2021—2025 年）》从多个维度多个方面对标《法治中国建设规划（2020—2025 年）》和《法治政府建设实施纲要（2021—2025 年）》，细化了行政执法协调监督工作体系建设需要做的工作。包括"10. 深化行政执法体制改革。完善权责清晰、运转顺畅、保障有力、廉洁高效的行政执法体制机制，大力提高执法执行力和公信力。继续深化综合行政执法体制改革，完善行政强制执行体制机制。稳步将基层管理迫切需要且能有效承接的行政执法事项下放给基层。建立健全乡镇（街道）与上一级相关部门行政执法案件移送及协调协作机制。大力推进跨领域跨部门联合执法。……11. 加大重点领域执法力度。加大关系群众切身利益的重点领域执法力度，健全常态化日常监管机制，防止'运动式'执法。严格执行严重违法惩罚性赔偿和巨额罚款制度、终身禁入机制，让严重违法者付出应有代价。……12. 完善行政执法程序。全面严格落实行政执法公示、执法全过程记录、重大执法决定法制审核制度。统一行政执法人员资格管理，加强专业培训。全面落实行政裁量权基准制度，加强监督检查，防止行政执法'一刀切'。依法保障行政相对人陈述、申辩、提出听证申请等权利。……23. 加强对行政执法制约和监督。加强行政执法监督机制和能力建设，2024 年年底前基本建成省市县乡全覆盖的比较完善的行政执法协调监督工作体系。全面落实行政执法责任。大力整治重点领域行政执法不作为乱作为慢作为、逐利执法、执法不严格不规范不文明不透明等突出问题。建立并实施行政执法监督员制度，县级以上政府及其部门普遍设立行政执法监督员，发挥日常监督作用。"

《贵州省法治政府建设实施方案（2021—2025 年）》重点任务分工中又载明"9. 深化投资审批制度改革，推进投资领域行政执法监督，全面改善投资环境。……44. 建立健全乡镇（街道）与上一级相关部门行政执法案件移送及协调协作机制。……51. 全面严格落实行政执法公示、执法全过程记录、重大执法决定法制审核制度。行政执法主体、权限、依据、程序、救济渠道和随机抽查事项清单等信息全面准确及时主动公开。行政执法机关按照国家规定配齐行政执法记录仪或者音像记录设备，做到执法全过程留痕和可回溯管理。制定重大执法决定法制审核目录清单。强化法制审核人员资格和责任，原则上各级行政执法机关法制审核人员不少于本单位执法人员总数的5%。建立行政执法统计年报制度，行政执法机关公开本机关行政执法总体情况"等更为具体的内容。

二　毕节行政执法协调监督工作体系建设试点的基础

（一）毕节推行"三项制度"建设的成功实践[①]

2017 年，国务院将毕节市确定为全国首批行政执法"三项制度"

[①]　本书关于毕节数据资料，凡未特别注明的，皆为调研中由毕节市司法局提供。特此作统一说明。

试点单位，毕节市开始全面推动行政执法"三项制度"规范化、制度化、常态化建设。毕节市委、市政府将"三项制度"改革纳入市委重点改革课题和市政府依法行政重点任务，按照市委"1+N"改革思路，市政府制定了"1+3"配套方案，按照前期准备、启动实施、全面推进、总结评估4个阶段分重点、有侧重地推进。按照"全面推行、重点探索、打造示范、树立典型"的工作思路，分类指导各县（自治县、市、区）、市直行政执法部门有所侧重地选择试点，确保横向纵向、面上点上同步推进，层次分明，重点突出。市级层面先后制定和完善了《毕节市行政执法公示办法》《毕节市行政执法全过程记录办法》《毕节市重大行政执法决定法制审核办法》等16个相关配套机制。各县（自治县、市、区）政府及市直各行政执法单位也制定了行政执法公示制度、执法全过程记录制度、重大执法决定法制审核制度；明确了各类行政执法流程图、行政执法服务指南、执法文书样式、重大执法决定法制审核流程图等"四类文本"；梳理了《权责清单》《行政执法事项清单》《行政执法人员清单》《音像记录事项清单》《随机抽查事项清单》《重大执法决定法制审核事项清单》等"六个清单"，形成了一套完善的规范性机制。同时，制定《毕节市推行行政执法公示制度执法全过程记录制度重大执法决定法制审核制度试点工作考核任务分解表》，将全市行政执法"三项制度"试点工作任务分解为34项考核任务指标，对牵头单位、责任单位、完成时限等进行了明确，对重点试点领域进行了划分，做到有时间表、有路线图。层层压实责任，层层狠抓落实，增强推进工作的针对性和实效性。

在执法公示方面，开发出集综合信息、执法部门、执法人员、权责清单、执法结果、办理动态、咨询投诉等7个功能模块的"三项制度"信息平台，有效整合行政执法主体、职责、权限、程序、救济渠道等行政执法信息，促进信息资源的规范录入、动态查询和及时公开，实现了市县乡三级政府及市县两级执法部门相关行政执法信息的统一公示和互联互通。截至 2022 年 12 月 31 日，平台已覆盖市县乡三级执法单位 38 个（其中市级执法单位 18 个，县级执法单位 20 个）。累计收录全市 10000 余名执法人员信息、各类执法信息 13000 余条（其中市级 6000 余条、县级 7000 余条）。

在执法全过程记录方面，抓规范、抓管理，通过文字记录和音像记录相结合的方式，对行政执法的启动、调查取证、审查决定、送达执行等行政执法整个过程进行记录和归档，实现全过程留痕、可回溯管理。在规范文字记录方面，将执法文书作为执法全过程记录的基本形式，制定案卷指引，规范案卷标准。在音像记录方面，各部门配齐配强记录类执法装备，并建立健全相关制度及配套管理办法，按照《音像记录事项清单》确定的事项进行音像记录。截至 2022 年底，全市行政执法部门配备执法记录仪 1.03 万台，配备率达 75%。全过程记录给执法人员戴上了"紧箍咒"，保证了执法活动严格按程序进行。

在重大执法决定法制审核方面，市级层面制定出台《毕节市重大执法决定法制审核办法》等文件，采取政府购买服务等方式，充分发挥法律顾问作用，整合法制审核力量，配备 1~2 名专职法制审核人员，制定重大执法决定法制审核事项清单，对审核结论的出具、审核时限、送审材料、责任承担等作相应规定。目前市县乡三级政府及市县两级行政执法部门普遍建立法制审核机构，基本实现重大执法决定法制审核全覆盖。

此外，值得一提的是，毕节市开发建成了市行政执法"三项制度"试点工作信息平台，作为全市行政执法"三项制度"执法信息统一公示平台。毕节市行政执法"三项制度"试点信息平台、毕节国税行政执法"三项制度"集成应用系统、黔西县执法应用系统已全面投入应用。毕节市司法局负责人介绍，依托该平台实现了行政执法主体、人员、职责、权限、随机抽查事项清单、依据、程序、监督方式和救济渠道等行政执法信息的录入、查询、公开等，有效归集了市、县、乡三级政府及市、县两级执法部门相关行政执法信息。平台实行数据端口开放，正逐步实现与贵州省"双随机一公开"监管平台、贵州省网上办事大厅等平台数据端口的对接和数据流通，通过对不同平台数据资源的整合，实现执法信息互联互通、统一公示。

从开展试点到全面推行，毕节市行政执法制度进一步健全、执法监督效果进一步凸显、执法行为规范进一步提升。全市行政机关败诉率逐年降低，行政复议案件纠错率逐年下降。毕节市行政机关败诉率逐年降低，2020年败诉率为13.4%（较2016年降低0.84个百分点），低于全省平均败诉率6.51个百分点，低于年度指标控制线1.6个百分点。2020年行政复议案件数量与2019年同期相比减少69件，降幅为19.2%。随着"三项制度"全面推行，行政执法监督制度进一步健全，严格规范公正文明执法理念逐步形成，行政执法监督职能作用有效发挥，行政执法行为愈加规范，行政执法监督工作总体上有了很大改善，法治政府建设取得显著成效。

（二）法治毕节创建成效斐然

2015年底，省委、省政府从推动法治贵州建设的战略高度，推进为期五年的法治毕节创建，取得良好成效，毕节探索形成了一批可复制可推广的创建经验，为毕节最终撕掉贫困标签提供了有力的法治保障，为法治贵州建设贡献了"毕节经验"。2021年3月，毕节市获第一批"全省法治政府建设示范市"命名并授牌；2022年10月10日又获得第二批"全国法治政府建设示范市"的命名；全市政府系统规范性文件"三统一"（统一登记、统一编号、统一印发）得到国务院法制办肯定；黔西县被授予"全国法治先进县"；金沙县获第一批"全省法治政府建设示范县"命名并授牌，金沙县（政务服务"集成套餐"）获批"全省法治政府建设示范项目"命名并授牌；金沙县古楼社区等 3 个社区被授予国家级"民主法治示范村（社区）"称号；织金县法院被评为"全国优秀法院"，"E 平台调解"得到时任中央政治局委员、中央政法委书记孟建柱同志肯定；毕节市留守儿童困境儿童关爱保护"3444"工作经验在全国农村留守儿童和困境儿童保障专题研究班上推广；等等。

1. 构建高效统一的组织保障体系

一是坚持党的领导。成立由市委书记任主任、市长任副主任的全面依法治市委员会，将法治政府建设纳入全面推进依法治市的重点任务和主体工程。健全落实党委（党组）中心组学法、领导干部法律素质考察等机制。二是压实各方责任。省委、省政府专门制定《"法治毕节"创建工作总体方案》。市委、市政府根据总体方案，结合"法治毕节"创建年度工作情况，分年度研究制定"法治毕节"创建实施方案，并将其纳入年度目标考核内容。将创建工作经费纳入财政预算。强化督促考核，制订"1+3"跟踪考核方案，通过"月暗访、季督查"推进创建工作开展。三是明确领导职责。配套制定《毕节市县乡干部法治建设责任管理办法》，督促党政主要负责人履行推进法治建设第一责任人职责，构建了省级牵头帮扶、市级加强统筹、县级创新探索、乡级做强基础的"四级抓创建"联动机制。

2. 立法、行政、司法同步发展

一是加强规范性文件的制定和管理。健全落实政府规章立项、起草、论证、审议等机制和委托第三方起草评估制度，加快推进地方法科学化、规范化的工作。同步健全落实政府规章、行政规范性文件后评估制度，定期对政府规章或行政规范性文件开展后评估。制定

《毕节市规范性文件制定程序和监督管理办法》，确保规范性文件制定程序和监督管理制度化、规范化、常态化。执行规范性文件统一登记、统一编号、统一发布"三统一"制度，审核率、备案率、及时率、规范率均达100%。成功承办西南片区规范性文件监督管理工作交流会，经验做法得到国务院法制办肯定。二是完善行政执法三项制度。推行"政府决策重大事项社会稳定风险评估""行政执法三项制度改革""县区律师担任政府法律顾问全覆盖"。在全省率先建立健全重大行政决策制定、评估、责任追究制度，加强重大行政决策活动的监督，防止和纠正决策失误；率先在全省推行权责清单动态管理机制，制定《毕节市行政权力清单责任清单动态管理办法》，梳理行政权力管辖事项、运行流程，并向社会公布，划定行政权力边界。推进行政复议委员会试点，实现人员、案件受理、审理、决定"四集中"。三是实施公正司法天平工程。市委专门出台意见，确保人民法院、人民检察院依法独立公正行使审判权、检察权。在全省率先完成法检两院市级财物统管，县级法检两院财物不再归县级财政管理。推进司法体制配套机制改革，法官、检察官、人民警察实行单独职务序列管理。建立员额法官"能进能退"机制，实行员额法官任职回避，推进专业法官会议和审判委员会会议相衔接，促进"类案同判"。健全司法权力运行机制，设立专业法官会议，实行"让审理者裁判，由裁判者负责"，改变"审者不判、判者不审"现象。建立季度案件评查制度，推进智能化执法办案中心全覆盖，推进跨部门办案平台试点建设。

3. 提升社会治理水平

一是化解社会矛盾，提升社会治安水平。健全完善矛盾纠纷多元化解机制，推进特殊人群服务管理"六项行动"覆盖各县区。探索推出了获中央政法委肯定的民主自治"七人议事"、获省信访局推广的信访事项"公道评说"机制，形成了"培育公共法律服务中心向普法超市转变""社区法律机器人自助服务全覆盖"等经验。学习借鉴新时代"枫桥经验"，推进县乡村三级综治中心规范化建设、实体化运行，推进公共法律服务中心（站）建设，创新探索关爱救助留守儿童"3444"工作模式，推进"两早"社会问题专项治理，加强对重度精神障碍患者管控，注重对"问题未成年人"帮教，社会治安短板问题得到有效加强。把扫黑除恶专项斗争与"法治毕节"创建相结合，着力推动立体化信息化治安防控体系建设，有力支撑维护了社会安全稳定。二是实施生态文明法治工程，提升绿色发展质量。推进生态保护立法，持续深化"六个一律"环保"利剑"执法专项行动，严厉打击各类环境违法犯罪行为。探索环保督查整改、补植复绿等执法司法衔接互动模式。设跨区域管辖生态保护法庭 3 个，创新探索"车载法庭""法院检察院开放日""公益环保诉讼第一案"等机制。毕节市检察院在全国率先出台环保公益诉讼案件办理规范性文件。金沙县检察院提起全国首例生态环保行政公益诉讼案，威宁草海由被央视曝光的负面典型转变为贵州省环保整改正面典型，得到生态环境部肯定。三是实施全民守法宣教工程，提升干部群众法治意识。紧紧抓住领导干部这个"关键少数"，健全完善党委（党组）中心组学习、法治培训制度，开展领导干部法治知识轮训。以"新时代农民讲习所"、"四进农家"、"普法超市"、村居法律顾问微信群等为载体，营造良好的法治宣传氛围。组织编写《毕节市农民教育系列读本》，积极推进山歌普法、新媒体普法。加大法治宣传阵地建设，建成法治文化公园 16 个、文化广场 206 个、文化长廊 118 个。紧紧抓住青少年这个"重点对象"。通过学校教育、家庭教育、社会教育等途径，普及法律知识。在全国率先实现校园禁毒图书角初中学校全覆盖。

4. 构建公正文明的监督体系

一是纪律监督与法律监督结合。健全落实权力制约和纠错问责机制，强化党内监督、人大监督、监察监督、民主监督和司法监督，严防权力滥用和权力寻租。完善市县上下联动监督网，探索审查调查组"双进驻"、县区交叉巡察等工作机制，推进监察体制改革向国有企业和非建制区及所代管乡镇延伸。建立组织部门与纪委监委、公检法司等部门信息共享机制，实现纪律监督与法律监督全覆盖。二是行政监督与审计监督结合。制定完善行政执法投诉举报制度、行政错案问责追责办法、行政检察与行政执法监督衔接机制等规章制度。围绕市场监管、生态保护、农业农村、交通运输等领域，采取"局队合一"等方式，成立市县两级综合行政执法队伍 11 支，收录执法人员 1.38万名。推行"双随机、一公开"抽查监管，建立随机抽查事项清单、市场主体名录库和检查人员名录库"一单两库"动态管理制度。健全落实依法独立行使审计监督管理机制。三是社会监督与舆论监督结合。坚持"以公开为常态、不公开为例外"原则，制定《关于全面推进政务公开工作的实施方案》，建立行政机关违法行政行为投诉举报登记制度。整合非紧急类政务热线，将其统一纳入政务咨询投诉举报平台管理。在全省率先推行干部纪律作风扫码评价平台，建立新闻媒体曝光问题调查核实机制，实时接受社会监督和舆论监督，对符合法定条件的诉求，依法进行处理反馈，确保监督渠道 100%畅通、回复 100%按时、程序 100%合法。

5. 改革行政审批制度，打造良好的营商环境

权力事项、行政许可事项比 2016 年减少 2494 项和 46 项。行政审批由平均 10 个流程减少到 3 个流程，审批时限由平均 25 个工作日减少为 3.68 个工作日。取消市级以下行政审批事项 102 项，取消各类证明材料 1152 项，工程建设项目审批、不动产登记办理缩至 80 个

工作日和 5 个工作日。全面推行营业执照、组织机构代码证、税务登记证"三证合一"制度改革，形成"一表申请、一门受理、一次审核、档案共享"登记模式。金沙县政务服务中心"政务集成套餐服务"模式，获李克强总理点赞。毕节市分别于 2017 年、2019 年两次荣获国务院通报表扬并获得"深化商事制度改革成效显著、落实事中事后监管等相关政策措施社会反映好的市（地）"称号。①

（三）法治毕节示范创建再创佳绩

2020 年，为在新发展阶段更好地推进法治毕节建设，进一步推动和保障毕节建设贯彻新发展理念示范区，贵州积极向中央依法治国办推荐申报毕节市为全国法治政府建设示范市，并以中央依法治国办市县法治政府建设示范指标体系为基础，制定 2021 年法治毕节示范创建督导工作计划，深入毕节市及各县区指导，紧扣依法行政重点工作，狠抓制度机制落实，从根本上解决社会治理难题，为法治贵州建设探索新路。2021 年，省委全面依法治省委员会研究审议法治毕节示范创建工作，明确了 7 个方面 63 项创建任务，对"十四五"时期毕节法治建设作出全面安排部署，并逐一明确各项任务省级督导单位。省委依法治省办印发《关于建立法治毕节示范创建实施机制的意见》，从基本要求、责任主体、工作调度、监测评估、组织保障五个方面明确了 16 项推进措施，组织省委政法委、省委组织部、省委宣传部、省人大常委会办公厅、省法院、省检察院、省公安厅、省民政厅、省司法厅、省生态环境厅等 10 家单位对口支持毕节市各县（自治县、市、区），积极帮助解决实际困难，确保法治创建工作有

---

① 参见毕节市课题组《深化法治毕节示范创建的实践与思考》，载吴大华主编《贵州法治发展报告（2022）》，社会科学文献出版社，2022。

序推进。创建以来，毕节市深入推进法治政府建设，行政执法协调监督能力和水平显著增强。

1. 组织开展全面依法治省突出问题自查整改工作

结合实际，对标中央、省委要求，深入开展调查研究，找准症结所在，提出解决办法。毕节市各级各部门围绕规范重大行政决策程序、全面推行行政规范性文件合法性审核机制、严格执法、公正司法等共自查出问题 386 个，细化措施完成整改 348 个，法治人才不足等需要持续整改问题逐步推进整改落实。推动解决了人民群众反映强烈的"一刀切执法"、"运动式执法"、行政执法慢作为不作为乱作为、司法腐败以及司法办案不公等法治领域突出问题 36 个，推动建立了一批法治建设工作制度机制。

2. 着力完善行政执法规范性文件制定、审查程序

不断加强行政规范性文件监督管理，依法维护政府法制统一和政令畅通。全市党政机关建立法律顾问制度。完成市级行政规范性文件制定主体清单和合法性审核机构的编制。及时调整市级行政规范性文件审查专家库成员，初步形成了以法治机构为主体，专家、学者为补充的审查机制。2022 年，共审核 53 件次行政规范性文件草案，对县级政府、市政府工作部门报送备案的 43 件行政规范性文件进行了备案审查；市政府法律顾问参与各类合法性审查和法律论证 233 件。

3. 加强行政决策合法性审查工作

从 2017 年开始，毕节市率先在全省组建市政府法律顾问团队，采用坐班制的形式为市政府提供法律咨询意见，逐渐形成市政府坐班律师初审、专家律师二审、法律顾问室负责人三审的重大行政决策"三审模式"。对涉及经济社会发展和人民群众切身利益的重大政策、重大项目等决策事项，开展社会稳定、公共安全、环境和经济等方面的风险评估。为做好政府行政决策的合法性审查，2019 年 12 月 20

日，毕节市人民政府印发了《毕节市重大行政决策专家咨询论证暂行办法》《毕节市重大行政决策后评估暂行办法》《毕节市重大行政决策责任追究暂行办法》《毕节市人民政府规章立法后评估暂行办法》等四个暂行办法。依法纳入重大行政决策目录管理的决策事项在出台之前，组织专家咨询论证；未经专家咨询论证的决策草案，不得提交审议，不得决定实施。决策执行过程中出现决策所依据的法律、法规、规章及政策发生变化；决策时的客观情况发生重大变化导致决策目标、效果无法如期实现；决策引起社会各方强烈不满或者决策执行主办单位认为有必要开展决策后评估的其他情形的，应当开展决策后评估工作。

4. 进一步完善监督体制

毕节在全省率先出台《毕节市行政检察与行政执法监督衔接机制（试行）》，每年开展全市性行政执法监督。认真贯彻落实中央、省法治督察与纪律监察监督协作配合的有关规定，市司法局、市纪委、市监委机关积极联动，建立健全法治督察与纪检监察监督协作配合机制，强化沟通对接，全面推进法治毕节示范创建各项工作。同时，积极向上汇报对接，成立4个督导组配合省委依法治省办督导3次，对15个市直重点执法单位、9个县（市、区）法治政府建设示范创建工作进行督促指导，发现问题440个，并推动逐一整改销号落实。推动全市502家行政执法部门公布行政执法监督投诉举报电话，畅通群众行政执法维权渠道。同时，组织开展法治毕节示范创建年中督导，对毕节市各县区全覆盖调研督察，深入县区乡镇倾听群众意见建议，以解决问题的实际成效不断提高法治建设水平。组织开展行政执法"三项制度"专项监督，对毕节市县116家行政执法部门全覆盖，全面加强行政执法监督。在法治督察方面取得这些成绩是因为党政主要负责人履行推进法治建设第一责任人职责及法治政府建设等重

20

点工作，强化对全市各县（自治县、市、区）、市直各部门法治建设工作的督察。加强学习培训，吃透精神抓好统筹。认真组织学习《法治政府建设与责任落实督察工作规定》等与督察工作有关规定，提升自身业务素质，加强与纪检监察部门、组织党建部门、督办督查部门的对接联系，加强彼此之间的协调合作，积极主动开展各项法治督察工作。同时，聚焦关键重点，围绕中心精准督察。2019年以来，每年对各县（自治县、市、区）、市直各部门开展两次以上法治政府建设相关督察工作。

5. 抓好行政复议和应诉

组织开展降低行政复议被纠错率和行政诉讼行政机关败诉率、提高行政机关行政诉讼出庭应诉率"两降一升"工作，把加强和改进行政应诉工作提上重要议事日程，依法履行行政应诉工作职责，促进行政争议实质性化解。2021年5月印发了《中共毕节市委全面依法治市委员会关于印发〈毕节市行政复议体制改革实施方案〉的通知》，各县（自治县、市、区）相继出台各自改革方案。自2021年5月行政复议体制改革开展以来，除实行垂直管理的行政机关、税务和国家安全机关外，由市、县两级人民政府统一行使复议职责。在市司法局原有行政复议科基础上增设了行政复议综合科、行政复议案件监督科，促进工作更好地开展。大力改进行政复议审理方式，实现了书面审查为主向质证听证①与书面审查并重的新机制转变，建立了行政复议咨询机制。同时还聘请14名各领域专家成立了"毕节市人民政府行政复议咨询委员会"，加大行政复议调解力度，将和解、调解贯穿复议全过程，精准把握群众利益需求，推进实质性化解行政争

---

① 充分利用听证制度优势，对重大复杂疑难、涉及当事人切身利益等类型的复议案件均通过召开听证会进行审理，并在听证过程中积极沟通争议双方进行调解，化解了一批行政争议案件。

议。此外，毕节市还通过建立司法行政、检察、法院、信访部门协作联动机制，实现信息资源共享，形成行政争议实质性化解合力，最大限度提升行政复议工作质效，充分发挥了行政复议解决行政争议的主渠道作用，诉源治理效果明显。

2021 年，全面完成行政复议体制改革，全市行政复议机关严格依法办案，没有应受理未受理情况和不依法作出复议决定情况。2022 年度，全市行政应诉案件新收 1451 件，2021 年同期收案 1739 件，同比减少 16.56%。2022 年败诉 226 件，败诉率 16.95%，同比降低 2.01 个百分点。行政首长出庭应诉率 2022 年为 99.51%，2021 年为 82.68%，同比上升 16.83 个百分点。2022 年毕节市人民政府行政复议办公室共计收案 91 件，受理 88 件，不予受理 3 件。受理的 88 件案件中，审结 65 件。其中维持 33 件，终止 13 件，驳回 13 件，撤销等纠错 6 件（撤销 4 件，确认违法 2 件）。与 2021 年同期对比，收案 108 件，受理 102 件，不予受理 6 件。受理的 102 件案件中，审结 89 件。其中维持 23 件，同比上升 43.5%；终止 46 件，同比下降 71.7%；驳回 9 件，同比上升 44.4%；撤销等纠错 11 件（撤销 5 件，确认违法 6 件），同比下降 45.5%。2021 年，全市共受理行政复议案件 355 件、审结 311 件，行政复议纠错率为 7.7%，同比下降 20.8%。在行政应诉方面，2021 年，行政诉讼败诉率同比下降 12.3 个百分点；行政机关负责人出庭应诉率同比上升 14.5 个百分点。

6. 组织编写系列文件资料

印发《法治政府建设工作资料》《法治政府建设文件资料》《法治政府建设应知应会资料汇编》等材料指导示范创建工作开展。通过集中指导，组织业务骨干到毕节市开展上门指导服务等工作形式，对毕节市法治政府建设各项工作全面指导，补短板强弱项，有效提高法治政府建设工作质量。

7. 加强普法宣传教育，推进矛盾纠纷多元化解体系建设

毕节市各类 3991 所中小学共配备法治副校长（辅导员）6298 人，集中开展普法宣传活动 58774 场次。创建国家级民主法治示范村（社区）12 个，省级民主法治示范村（社区）157 个。全面推进《民法典》实施，毕节市干部、群众 10 万余人次参加"贵州省民法典知识专题测试"网上知识竞答活动。开展"公调对接""检调对接""诉调对接""访调对接"等联动联调，完善人民调解与行政调解、司法调解三调联动工作体系，构建"大调解"工作格局。

基于前述背景和基础，为深入贯彻落实《国务院关于支持贵州在新时代西部大开发上闯新路的意见》（国发〔2022〕2 号）文件精神，为全力支持法治毕节示范创建，经省司法厅多次向司法部争取、汇报协调，2022 年 5 月 13 日，司法部同意将贵州省作为行政执法协调监督工作体系建设试点单位。同年 6 月，经省司法厅党委研究，并报省委、省政府同意后，决定在毕节市开展行政执法协调监督工作体系建设试点工作。6 月 8 日，贵州省司法厅发函《省司法厅关于在毕节市开展行政执法协调监督工作体系建设试点工作的通知》致毕节市司法局，告知试点相关工作，试点时间为 2022 年 6 月至 2022 年 10 月。6 月 29 日，毕节市委、市政府印发《毕节市开展行政执法协调监督工作体系建设试点工作实施方案》，明确了 30 项具体措施，牵头单位和责任单位采取"全域推进、典型示范"的工作思路，选取部分市直部门和县区在不同工作任务方面打造亮点、探索经验。8 月份完成各项制度的建立工作，9 月份推进亮点打造、总结经验。

毕节行政执法协调监督工作体系
建设试点的举措与成效

在贵州省委、省政府的坚强领导和省司法厅的大力支持与精心指导下，毕节行政执法协调监督工作体系建设试点工作有序有效推进。全市行政执法协调监督工作制度体系得到进一步完善，行政执法协调监督工作机构设置实现全覆盖，行政执法监督队伍建设得到合理配备，行政执法协调监督内容更加全面规范，行政执法监督方式不断创新，毕节市初步形成制度完善、机制健全、监督有力、运转顺畅的市县乡三级全覆盖的行政执法协调监督工作体系。

一 毕节行政执法协调监督工作体系建设试点的举措

（一）强化组织领导，加强统筹协调

在全面推进行政执法协调监督工作体系建设试点工作中，毕节市委、市政府高度重视，牢固树立"一盘棋"大局观，成立以市长任组长的领导小组统筹推进试点工作。市委、市政府印发《毕节市开展行政执法协调监督工作体系建设试点工作实施方案》，指导试点工

作的开展。开辟专门的办公室为试点工作的办公地点，作为试点工作指挥部，领导小组下设综合协调、业务推进、信息宣传、经验总结、推广应用贵州省行政执法"三项制度"试点平台、后勤保障等6个专班，调配7名人员集中办公。将试点工作任务分解表、进展情况表上墙，任务明确细化到8个区县，并随时公示和更新任务进展情况。领导小组采取倒排工期、动态督导、分类指导的方式，确保试点工作能如期完成。

构建"司法行政部门＋行业主管部门＋乡（镇、街道）"模式，聚焦行政执法协调监督工作中出现的新情况新问题，司法行政部门不断完善协调监督内容、创新协调监督方式、健全协调监督考评机制；围绕提升市级主管部门行政执法协调监督质效，编制市级行政执法协调监督权责清单，明确市级层面行政执法监督、协调、指导的事项；各县（自治县、市、区）统筹编制好县级司法行政机关、行政执法部门和乡（镇、街道）的行政执法协调监督权责清单，积极探索设置乡（镇、街道）行政执法监督机构等工作。市县两级司法行政执法部门同时也是本级人民政府行政执法监督办公室所在地，代表人民政府开展行政执法协调监督工作，承担本部门行政执法协调监督工作，明确承担行政执法协调监督工作的机构以保证监督工作的有效开展；乡镇（街道）人民政府办事处以本级党政办或综治中心作为其行政执法协调监督机构，负责内部行政执法协调监督工作；基层司法所协助县司法局开展对乡镇（街道）的行政执法协调监督工作，从而实现市县乡三级行政执法监督的格局。

制定《毕节市开展行政执法协调监督工作体系建设试点工作任务分解表》。从执法要素着手，克服试点工作时间短、任务紧等困难，将试点工作细化为六大块30小块，将任务具体化。六大板块主要是落实落细试行行政执法协调监督职责，规范行政执法协调监督内容，创新行政执法协调监督方式，加强行政执法协调监督机构队伍建设，着力推进行政执法信息化建设和强化行政执法协调监督保障。根据前期法治毕节示范建设情况将分解表六大板块的任务细化落实到各区县及市直部门头上。

针对全市行政执法协调监督工作中出现的新情况新问题，司法行政部门不断完善协调监督内容、创新协调监督方式、健全协调监督考评机制；围绕提升市级主管部门行政执法协调监督质效，编制市级行政执法协调监督权责清单，明确市级层面行政执法监督、协调、指导的事项；各县（自治县、市、区）统筹编制好县级司法行政机关、行政执法部门和乡（镇、街道）的行政执法协调监督权责清单，积极探索设置乡（镇、街道）行政执法监督机构等工作。

（二）强化机制建设，规范工作运行

在行政执法协调监督试点工作中，一是完善"监督+协调+衔接"环节，健全工作机制建设。针对有案不移、有案难移等问题，印发《关于加强乡镇（街道）与县级行政执法部门行政执法案件移送及协调协作工作的指导意见》《关于加强综合行政执法部门与业务主管部门行政执法协作配合工作机制的意见》，首先从制度上明确职责，建立信息资源共享制度、案件移送制度、联合执法制度等，并统一制作行政案件移送书、行政案件移送书送达回证等文书格式。印发的文件进一步明确乡（镇、街道）与县级主管部门行政执法案件移送协作工作制度、组织实施等事项，切实加强行政执法案件移送和协调协同协作机制建设；制定完善行政执法协调协作和审批监管处罚衔接管理办法，健全规范行政审批、监管、处罚等执法环节相互衔接以及行政执法与刑事司法衔接机制；规范线索移送工作，及时、高效将行政执法监督工作中发现的问题线索向纪检监察机关移送，探索建立在行政执法监督工作中，依纪依法将涉嫌违纪或者职务违法、职务犯罪问题线索，移送纪检监察机关的监督工作机制。二是加强督促。做实"专项监督+社会监督+科技监督"工作，在拓展监督方式上见成效。强化专项监督，重点围绕关系群众切身利益、群众反映强烈的执法领域，认真研究监督方式、监督范围、结果运用等内容，适时开展行政执法专项监督行动，切实发挥专项监督作用；借助社会监督，以执法监督投诉热线建设为重点，拓宽举报投诉渠道，细化举报投诉事项办理、回访程序，着力完善行政执法监督投诉举报制度；依托报刊、电视、网络媒体、大喇叭、微信、微博等平台载体开展多种形式宣传，提高群众覆盖面和参与度；用好科技监督，依托省"司法云"和行政执法"三项制度"工作平台，加大推进行政执法 App、执法监督平台应用力度，以科技手段实现对执法活动的即时性、过程性、系统性。通过工作推进会、培训会、经验交流会进行全面安排和部署；成立专班，建立定期汇报制度、督促考核制度、调度协调制度、信息报送制度等，采取集中办公、挂图作战、定期汇报、倒排工期、分解任务、动态督导方式，实行"一周一调度、一月一总结、一季一提炼"的工作机制，及时研究解决工作中遇到的困难和问题，确保工作方向不跑偏、动作不走样，全面推进工作①。

市司法局以"三项制度"为基础，围绕执法要素制定一系列制度，规范和指导行政执法协调监督工作，形成法治化、规范化、信息化有机融合的行政执法监督工作体系。其作为政府法治监督体系上的重要一环，是行政机关实现自我纠错的一道重要防线，更是提升执法公信力的有力保障。毕节市紧盯行政执法监督体系的薄弱环节，强化

---

① 参见《毕节"三个三"推进行政执法"三项制度"试点》，https：//www.
bijie.gov.cn/zt－zl/rdzt/bjsfzzfjssfcj/202207/t20220707_ 75421761.html，最后访问
时间：2022 年 11 月 26 日。

制度体系建设，多维度完善行政执法监督体系，创新行政执法监督规范化向纵深推进。市级层面制定的文件、制度，主要有涉及行政执法错案问责追责的《毕节市行政错案问责追责办法（试行）》、投诉举报处理的《毕节市行政执法投诉举报处理制度》、监督检查的《毕节市行政执法监督检查制度》，关于"三项制度"的《毕节市行政执法公示办法》《毕节市行政执法全过程记录办法》《毕节市重大行政执法决定法制审核办法》，关于争议协调解决办法的《毕节市行政执法争议协调解决办法》，有关案卷管理与评查的《毕节市行政执法案卷管理与评查办法》《毕节市行政执法案例指导办法》，关于社会监督员的《毕节市行政执法社会监督员管理办法（试行）》，关于行政执法协调工作的《关于加强综合行政执法部门与业务主管部门行政执法协作配合工作机制的意见》《毕节市行政检察与行政执法监督衔接（试行）的通知》，关于行政执法监督证管理的《毕节市行政执法监督证管理办法（试行）》《毕节市行政执法证管理办法（试行）》。制度的建立健全全面细化了行政执法协调监督工作开展范围、内容、程序、方式及保障措施，进一步规范行政执法监督工作开展。

（三）强化队伍打造，配强监督力量

创新"监督人员+执法人员+辅助人员"模式，将内部监督与外部监督有机结合，确保行政执法协调监督职能作用得到充分发挥。

一是选优配齐行政执法监督人员。按要求配齐行政执法协调监督工作人员，确保人员配备与承担的协调监督工作任务相适应；强化行政执法人员资格管理，明确办理行政执法证件和监督检查证件人员的资格条件、职责、权限，同时强化人员培训，逐步建立常态化执法培训制度，确保培训成果有效转化为执法人员依法履职能力；规范行政执法辅助人员使用，制定市级行政执法辅助人员管理制度，对行政执法辅助人员职责权限、聘用保障、监督管理、业务培训等重要事项进行明确。高素质的行政执法监督队伍是指导、监督行政执法工作的关键。毕节市着力强化行政执法监督队伍培育，着力提升行政执法监督队伍业务素养。设立专门法制工作机构，并出台相关文件，确保行政执法部门设立专门的工作科室，推动各部门将法治专业人才和法治素养高的同志优先安排到法制工作岗位；司法行政部门和行政执法部门明确2名以上行政执法监督人员，乡镇（街道）人民政府明确内设行政执法监督机构，负责内部行政执法监督工作；明确县级司法行政部门依托司法所开展对乡镇（街道）的行政执法监督工作。全市各部门重大执法决定法制审核人员数量均占执法人员数量约5%以上，形成稳定的行政执法监督人员库。

二是建立行政执法社会监督员队伍。根据《毕节市行政执法社会监督员管理办法》，通过自主报名、单位推荐、司法行政部门考察等程序，全市设立76个行政执法监督联系点，聘请行政执法社会监督员142名，聘期两年，可连续聘任，拓展社会监督渠道。

三是建立行政执法协调监督人才库。制定《毕节市行政执法监督专家管理办法》，对专家资格认定、入库程序、专家权利义务等作出明确规定。根据该办法组建"政治合格、业务精通"的市政府行政案件评审专家库，包括外聘专家和内部专家。外聘专家主要从高等院校、律师事务所等单位中择优聘用，内部专家主要从有编制的管理部门、行政执法机关等单位中聘请具有较丰富的行政执法实务经验的骨干担任。如在纪检监察机关、党政机关中选拔长期从事法治工作且具有丰富实务经验的公职律师，第一批选拔具有五年以上法治工作经历的公职律师；在检察机关、审判机关的员额检察官、员额法官中开展遴选工作，择优聘请员额检察官、员额法官为第一批评审专家；在全市范围各大律师事务所开展遴选工作，择优聘请具有十年以上法律职业经历的执业律师为第一批评审专家。首批选拔的行政案件评审专家均具有法律教育背景和法律职业资格，且拥有丰富的法治实务经验。下一步，毕节市司法局将根据工作实际，适时开展第二批评审专家的遴选、聘任工作，不断充实和优化行政案件评审专家库成员构成，让更多优秀的行政执法监督业务骨干、执业律师加入毕节市人民政府行政执法监督专家库，参与行政执法监督工作，提升执法监督工作质量。

四是建立执法人员和监督人员培训管理制度。每年至少组织开展一次针对行政执法监督队伍的培训，采取实战化案卷评查等方式加强培训，提升行政执法监督队伍素质。威宁县在实践中摸索出行政执法协调监督培训的"333"工作模式，又称"三建三训三紧盯"模式①，这是对执法人员和执法监督人员培训工作的有益探索，为平安威宁、法治威宁建设提供了有力的队伍保障。

（四）强化工作创新，拓展监督方式

健全行政执法监督检查相关制度、行政执法案卷评查标准等，推动行政执法监督检查工作常态化开展，提高行政执法监督评查队伍素质，提升行政执法案卷评查能力和水平，实现各级行政执法部门行政执法案卷制作标准和评查标准有效统一；公布监督投诉电话，拓宽和畅通投诉渠道，形成行政执法监督检查工作新格局。

印发《毕节市行政执法检查监督制度（试行）》，对行政执法检查监督的主体、方式、内容等进行规定，明确日常监督检查分为定期

---

① "三建"：健全机构、建强队伍、建立人才库，不断夯实行政执法协调监督力量；"三训"：双向轮训、专题培训、以考促训，扎实开展行政执法协调监督培训；"三紧盯"：紧盯关键少数、紧盯履职情况、紧盯考核评价，切实推动行政执法协调监督落实。

检查和不定期检查，定期检查每年一次，不定期检查随机开展。后根据工作实际，又印发实施《毕节市行政执法监督检查制度》、《毕节市行政执法案卷管理评查办法》及《毕节市行政执法案卷评查标准（试行）》，进一步健全毕节市行政执法检查监督工作机制。对行政执法社会监督员、行政执法协调监督人才库等重点事宜加强研究落实，确保行政执法协调监督职能作用得到充分发挥。

创新执法案卷评查机制。将案卷评查作为行政执法监督的主要方式，创新行政执法案卷评查方式，常态化开展行政执法案卷评查工作，主要采取自查自评、综合评查的方式评选优秀卷宗并通报。对市县两级重点执法领域90多家行政执法部门的行政执法卷宗和行政执法"三项制度"清单目录进行集中评查，组织10个县区司法局和市政府法律顾问组成10个初评小组，对本县区的行政执法案卷进行初评后，按照执法领域分别报给市直执法部门法规复查复核小组进行复核评查，对照《毕节市行政处罚（许可）案卷评查评分细则表（试行）》进行评查并向全市通报。通过评查让县区和市直执法部门分别深入发现本地本系统行政执法部门存在的问题，有针对性地进行整改。

强化行政执法专项监督。强化府院联动，加强同检察机关的联系沟通。针对评查发现的问题开展行政执法专项监督行动，市司法局同市检察院组成联合监督检查组对市县行政执法部门行政执法案卷及行政执法"三项制度"相关资料开展行政执法专项监督检查，监督检查结果报市政府同意后全市通报并要求整改，进一步加强行政执法规范化建设。

畅通行政执法监督投诉举报渠道。2019年印发《关于在门户网站公布行政执法监督举报方式的通知》，推动全市各级行政执法部门公布行政执法投诉举报方式，畅通行政执法监督渠道。2021年，印发《关于畅通行政执法监督投诉举报渠道的通知》，进一步推动和健全行政执法监督投诉举报渠道，市县全面公布行政执法监督投诉举报方式，将其作为监督行政执法活动和听取与收集社会公众对行政执法问题和建议的渠道。

毕节市研究制定《毕节市行政执法案件回访制度（试行）》《毕节市行政执法专项说明制度（试行）》《毕节市行政执法专项监督制度（试行）》等制度，实行行政执法专项说明制度、行政执法批评建议制度、行政执法监督投诉举报制度等 11 种行政执法监督制度，全面创新行政执法监督方式。印发《毕节市全面加强行政执法监督提升行政执法质量工作方案》，开展针对涉企执法、涉农执法、安全生产执法等 6 大行政执法领域的行政执法专项监督行动。全面推动全市行政执法部门公布监督投诉举报电话，激活行政执法监督"神经末梢"，全面维护人民群众的合法权益，不断拓展行政执法全方位、全流程协调监督方式。

（五）强化责任追究，严肃问责追责

毕节市在全省率先出台《毕节市行政错案问责追责办法（试行）》并严格执行，组织行政案件评审专家对在工作中发现的行政执法过错行为展开评审，按程序对存在过错的责任人进行全市通报批评或是批评教育，对违纪违法案件线索依法移送纪检监察机关调查处理，切实加大督查问题整改警示力度，推动行政执法机关、行政执法人员合法、公正、高效地实施行政管理，确保行政执法责任制落到实处。将被人民法院生效裁判确定败诉的案件、检察机关监督的行政机关败诉案件、被行政机关纠错的行政复议案件、行政执法监督机构纠错的监督案件四类案件纳入行政错案范围，细化行政执法案件的追责范围和形式。形成与纪检监察机关、审判机关、检察机关的互动机制。实践中，各评审专家就错案的原因、程序、法律适用等进行深入的讨论、分析，独立发表评审意见，并提出了问责追责建议，也针对同类型的错案提出了许多富有成效的建议。经过评审，形成统一的评审意见供市政府在问责追责时参考，同时对相关责任人按照过错程度、责任大小采取批评教育、全市通报批评等方式予以问责，涉及违纪违法的相关线索也按规定移交有关部门处理。强化行政机关牢固树立"有权必有责、违法需担责"的主体责任意识，倒逼依法行政，进一步解决依法行政的痛点、堵点和难点问题。

印发《毕节市行政执法监督检查制度》，对行政执法检查监督的主体、方式、内容等进行规定，明确日常监督检查分为定期检查和不定期检查，定期检查每年一次，不定期检查随机开展。

制定《毕节市行政执法机关内部人员干预、插手案件办理的记录、通报和责任追究办法》并印发《行政执法机关内部人员过问案件办理行为登记表》，明确了干预、插手案件办理的记录、通报和责任追究等，全面规范行政执法活动。2021年，根据《毕节市行政错案问责追责办法（试行）》，由市政府领导对行政执法案件被复议纠错和败诉过多的县区人民政府和市直部门分管领导进行集体约谈。通过精准问责与容错纠错并重，有效推进法治政府建设，提高行政机关法治意识，预防和减少了行政错案发生。此外，组织行政案件评审专家对在工作中发现的行政执法过错行为开展评审，按程序对存在过错的责任人进行通报批评或诫勉谈话，切实加大督查问题整改警示力度，推动行政执法机关、行政执法人员合法、公正、高效实施行政管理，预防和及时纠正行政执法过错行为，确保行政执法责任制落到实处。

毕节在全省率先出台《毕节市行政检察与行政执法监督衔接机

制（试行）》，每年开展全市性行政执法监督。推动全市行政执法部门公布行政执法监督投诉举报电话，畅通群众行政执法维权渠道。

（六）强化科技支撑，提升执法质效

习近平总书记强调，没有信息化就没有现代化。结合行政执法协调监督试点工作任务，毕节市将贵州省行政执法"三项制度"工作平台纳入试点体系建设，先行先试，探索行政执法协调监督新方法。

一是有序推广运用贵州省行政执法监督综合管理平台。在财政投入、技术开发、设备运行等方面给予大力支持，确保从硬件上最大限度保证行政执法协调监督试点工作顺利开展。

二是不断优化行政执法"三项制度"工作平台，加强基础数据的收集，努力实现执法数据通用。以行政执法"三项制度"建设为抓手，进一步强化行政执法监督机制建设，规范工作运行。作为全国首批行政执法"三项制度"试点单位，毕节市坚持全面推动行政执法"三项制度"规范化、制度化、常态化建设。其一是组织领导到位。毕节市委、市政府高度重视"三项制度"改革工作，将其纳入市委重点改革课题和市政府依法行政重点任务，成立由市政府市长任组长、常务副市长任常务副组长、市直相关部门和各县（自治县、市、区）政府主要领导为成员的领导小组，按照前期准备、启动实施、全面推进、总结评估等四个阶段分重点、有侧重地推进。其二是选取典型试点，在构建监督体系上抓创新。在全市范围内，选取金沙县作为"三项制度"平台建设试点；市直部门中选取毕节税务系统为"三项制度"集成应用系统建设试点。从而实现从点到面、逐渐铺开，最后覆盖全市的推进模式。

三是深入推进"互联网+"监管执法，满足地区执法实际需要。

省司法厅通过自建平台的方式与司法部对接，目前平台已经上线，推广应用的关键在数据录入，特别是执法要素的录入要精准。建立行政执法人员培训标准化体系。市司法局认真履责，把严格行政执法、执法监督资格培训、考试及资格审查作为提升行政执法能力素质，加强行政执法队伍建设的重要途径。依托省司法厅管理系统，实现了行政执法人员、行政执法监督人员培训、考试、资格申报、制证、年审等事项全部信息化管理。依托省行政执法"三项制度"工作平台，为市县乡三级行政处罚、行政强制、行政检查、行政征收征用、行政许可 5 类执行执法行为及行政裁决案件办理全程留痕，同时为基层未建执法系统的行政执法部门提供执法办案支撑，与现有各级行政执法部门在用执法系统对接，实现执法信息网上录入、执法程序网上流转、执法活动网上监督、执法决定实时推送、执法信息统一公示、执法信息网上查询，逐步构建操作信息化、文书数据化、过程痕迹化、责任明晰化、监督严密化、分析可量化的行政执法体系。"三项制度"工作平台的搭建大幅提升了行政执法协调监督工作的效率，形成行政执法全过程监督和行政执法数据汇聚、分析有效衔接的行政执法监督信息化格局，促进省、市、县监管部门之间基本实现"管罚"衔接，在实践中取得很好的效果。

立足金沙县承担推广应用贵州省行政执法"三项制度"平台试点工作契机，迅速推进平台搭建，通过执法信息平台提升行政执法的规范化信息化水平，切实保障行政执法行为的规范化合法化。下一步要充分发挥金沙县平台试点示范带动作用，在全市组织平台推广应用，提升行政执法信息化整体水平，执法质效全面提升。下一步要加大信息化手段、大数据技术在行政执法协调监督方面的应用，分析各执法要素之间的内在逻辑和外在表现，根据实际案例不断优化平台建设。

二 毕节行政执法协调监督工作体系建设试点的成效

（一）着力制度体系建设，实现工作机制逐步健全

聚焦工作机制建设，通过深入调研论证，制定出台 28 个制度办法，逐步形成统筹行政执法监督各个环节的制度体系，实现执法监督工作的制度化、规范化、程序化。

一是印发《毕节市行政执法监督办法（试行）》《毕节市行政执法争议协调解决办法》，实现行政执法监督工作制度化，为全市开展行政执法协调监督工作提供基本遵循。

二是印发《毕节市行政执法案卷评查与管理办法（试行）》《毕节市行政执法案卷评查标准（试行）》《毕节市行政执法监督文书格式范本》《毕节市行政执法案例指导办法》等制度文件，统一监督工作标准，实现监督工作开展规范化。

三是印发《毕节市行政执法投诉举报处理制度（试行）》《毕节市行政执法专项监督制度（试行）》《毕节市行政执法案件回访制度（试行）》等制度文件，细化操作主体、程序和内容，实现行政执法协调监督工作程序化，推动全市 563 个行政执法部门公布行政执法监督投诉举报电话。

（二）着力监督体系建设，实现市县乡监督机构设置全覆盖

加强市县两级行政执法监督机构设置，深入推进监督工作向乡镇（街道）延伸。

一是强化市级行政执法监督办公室统筹职能。在市司法局行政执法协调监督科加挂毕节市行政执法监督办公室牌子，履行行政执法监

督工作统筹指导职责。

二是强化部门行政执法监督机构设置。明确市县执法部门法制工作机构为其行政执法监督机构，未设置法制工作机构的部门要结合部门实际明确承担行政执法监督工作的机构。市县两级 209 家行政执法部门，设置"法规或法制工作机构"承担行政执法监督具体工作的共计 141 家。未设置法制工作机构但明确行政执法监督工作机构的部门有 68 家，确保有专门机构承担。

三是强化行政执法监督触角向乡镇（街道）延伸。随着行政执法权限和力量向乡镇（街道）延伸和下沉，探索形成"1+1+1 监督"[即县级执法部门+乡镇（街道）+司法所监督] 模式，确保放得下、接得住、管得好、有监督。印发《关于加强乡镇（街道）与县级行政执法部门行政执法案件移送及协调协作工作的指导意见》，明确县级执法部门对下放的行政执法权限开展协调和指导工作；在 32 个乡镇（街道）人民政府（办事处）党政办加挂人民政府法制办公室牌子，负责内部监督工作，加强对乡镇（街道）综合行政执法大队行政执法工作的监督指导，开展重大执法决定法制审核工作；司法所作为县司法局的派出机构，由县司法局统一办理行政执法监督证，协助司法局开展对乡镇（街道）行政执法的协调监督工作，黔西市探索实行片区司法所联合开展对片区乡镇（街道）行政执法工作的监督。

（三）着力专业体系建设，实现执法监督队伍素质全面提升

一是选优配齐行政执法监督人员提升监督能力。各级行政执法监督机构至少明确 2 名行政执法监督人员，加快推进办理行政执法监督证，试点工作开展以来，全市申领行政执法监督证 400 余个。制定《毕节市行政执法监督证管理办法（试行）》，加强行政执法监督证的资格管理工作，组织开展申领考试和常态化抽考工作，严把监督人

员"入门关"。制定《毕节市行政执法人员和行政执法监督人员学习培训制度（试行）》，对行政执法监督人员学习培训作出明确要求，常态化学习和成果检验机制不断健全。威宁县"三建三训三紧盯"切实强化行政执法和行政执法协调监督队伍建设。通过对行政执法人员和行政执法监督人员开展双向轮训、专题培训、以考促训的方式全面提升队伍建设。

二是组建行政执法监督及行政案件评审专家库保障智力支持。制定《毕节市行政执法监督专家管理办法（试行）》，从重点执法部门、法律顾问中选聘行政执法业务专家 40 名，组建市政府行政执法监督专家库。制定《毕节市行政案件评审专家管理办法（试行）》，从纪检监察机关、党政机关长期从事法治工作且具有实务经验的公职律师、员额检察官、员额法官、执业律师中遴选 22 名成员组建市政府行政案件评审专家库。

三是加强行政执法监督培训提升人员素质。制定出台《毕节市行政执法证管理办法（试行）》《毕节市行政执法监督证管理办法（试行）》《毕节市行政执法人员与行政执法监督人员学习培训制度（试行）》，加强资格管理和学习培训，深入开展执法人员大学习大练兵大比武活动。2022 年，全市各级各部门组织开展培训 253 次，组织执法人员执法知识测试 482 次，覆盖执法人员 7631 名，行政执法人员业务知识素质明显提升。

四是全面完成各项综合执法改革工作。形成以"一支队伍综合执法"为核心、"十一支队伍专业执法"为支撑的执法新格局，改革后，市级执法队伍从 19 支减少为 12 支，较改革前减少 7 支，执法队伍编制 305 名，较改革前减少 119 名。深入推进乡镇（街道）综合行政执法改革工作。在黔西市开展行政审批执法改革试点工作，在金沙县沙土镇和织金县猫场镇开展经济发达镇行政管理体制改革试点工作，根据乡镇执法需要和承接能力，下放行政执法事项，下沉编制资源，设立综合执法机构，实行"一支队伍管执法"。全面健全行刑衔接机制。生态环境、食品药品、文化市场、农业农村等领域均制定相关衔接机制，制定案件移送标准和程序规范，切实解决有案不移、有案难移的问题。

（四）着力外部监督机制建设，实现群众有效参与监督工作

激活行政执法监督"神经末梢"，全面维护人民群众的合法权益，不断拓展行政执法全方位、全流程协调监督方式。

一是组建行政执法监督员队伍畅通监督渠道。制定《毕节市行政执法社会监督员管理办法》，印发《毕节市司法局关于设立行政执法监督基层联系点和聘请行政执法社会监督员的公告》，在毕节市中小企业商会等组织设立 18 个市级行政执法监督联系点，面向社会各界选聘市级行政执法社会监督员 32 名。全市设立行政执法监督联系点 76 个，选聘行政执法社会监督员 142 名。全面畅通行政执法监督机构与行政相对人的联系，畅通人民群众参与行政执法监督工作渠道。毕节市文化广电旅游局大力推进"多彩贵州满意旅游痛客行"活动，助推旅游业高质量发展。以现金大奖为吸引，邀请广大游客对文旅行业监管问题、安全问题、服务问题等问题以及其他涉旅意见、建议进行深入挖掘，让游客变痛客，以游客视角精准提出文旅行业存在的痛点、短板、隐患及其解决方案。

二是行政执法投诉举报制度有效发挥作用。制定《毕节市行政执法投诉举报处理制度（试行）》，推动全市 563 个行政执法部门公布行政执法监督投诉举报电话。试点工作开展以来，市县两级司法行政部门共接听群众来电 145 次，及时回应群众关切，倾听群众意见建议，耐心解释群众咨询，市县两级司法行政部门办理行政执法监督案

件 42 件。向社会公布《毕节市司法局关于公开征集行政执法违法违规线索的通告》，集中公布了市县两级司法行政部门的征集方式，重拳整治行政执法违法违规问题。截至 2022 年底，毕节市人力资源和社会保障局通过"毕安薪"小程序接到投诉举报案件 1551 件，办理回复 1521 件，30 件办理中。毕节市税务局通过市局"12366"热线有效监督执法行为。2022 年 1~10 月，共接听电话 9435 次，其中申报类咨询 5102 次、政策类咨询 4333 次；申报处理工单 682 次，其中发票违章举报 449 次、税收违法行为举报 69 次、咨询 164 次。处理"12345"政务热线转办工单 11 次。

三是行政执法案件回访制度效果明显。制定《毕节市行政执法案件回访制度（试行）》，行政执法监督机构定期开展行政执法案件回访工作，了解行政相对人对行政执法工作的意见建议。全市各级行政执法部门共对 4529 件行政处罚案件进行回访，满意率达 96%；对 3557 件行政许可开展回访，满意率达 99%；对 422 件行政检查开展回访，满意率达 98%。共反馈问题 34 个，提出意见建议 42 条。

（五）着力监督方式创新，实现行政执法监督活力不断迸发

坚持把创新行政执法方式作为提升全市行政执法工作水平的重要方式和推进法治政府建设的重要内容，市政府每年印发的法治政府建设工作要点专门对创新行政执法工作进行安排部署。聚焦全流程全方位监督，制定《毕节市行政执法案件回访制度（试行）》《毕节市行政执法专项说明制度（试行）》《毕节市行政执法专项监督制度（试行）》等配套制度，明确行政执法专项说明、行政执法工作检查、行政执法专项监督、行政执法回访、行政执法卷宗评查等 11 种监督方式。

一是行政执法案例指导作用有效发挥。制定《毕节市行政执法

案例指导办法》，试点工作开展以来，市县司法局组织编纂发布行政执法指导案例 6 批次 70 个，市级行政执法部门发布行政执法典型案例 31 批次 174 个，有力发挥案例的指导、警示作用。推动各级各部门编纂公布行政执法案例，市市场监管局、市文广局等重点执法部门定期公布典型案例。2021 年，毕节市选送的金沙县市场监管局的《某包装制品有限公司特种设备超期未检案》，获得全国行政执法指导案例优秀奖，并入选司法部行政执法协调监督局编写的《全国行政执法典型案例》（第一辑）。市教育局《毕节市多元举措推进义务教育阶段学科类校外培训机构治理》案例被评为全国"双减"工作优秀案例。行政执法案例指导见成效。

二是行政执法案卷评查深入开展。制定《毕节市行政执法案卷管理与评查办法（试行）》《毕节市行政执法案卷评查标准（试行）》。2022 年，市县两级司法行政部门和市级重点执法部门采取专项评查、集中评查、交叉评查等方式，共开展行政执法案卷评查工作 45 次，评查行政执法案卷 2652 件，合格率达 99.1%，深入发现问题，并逐一推动整改落实。

（六）着力问责机制建设，实现行政错案问责追责有效落实

一是行政执法责任制有效落实。制定《毕节市行政错案问责追责办法（试行）》，对行政执法过错行为的问责追责，对行政执法监督机构责令纠正的案件问责追责工作明确责任追究主体、程序和责任承担情形。全面落实"谁执法谁普法"普法责任制。各级执法部门均制定并下发年度普法责任清单或方案，强化在检查现场办理案件。加大通知送达等过程中的以案释法力度，在执法中普法、在办案中释法。2022 年以来，市县两级司法行政部门牵头对行政执法过错行为开展问责追责工作，全市问责追责行政错案 220 件，现已完成 214

件，拟提请市政府问责追责 6 件，问责追责 177 人，其中副县级及以上 3 人、科级及以上 131 人、科级以下 43 人。通报批评 89 人，约谈 74 人，诫勉谈话 5 人，移送纪检监察机关案件 10 件（9 人），切实加大督查问题整改警示力度，推动行政执法机关及人员合法、公正、高效实施行政管理，确保行政执法责任制落到实处。2021 年以来，毕节市全市税务系统共对 200 余项重大执法决定进行了法制审核，其中法制机构退回补充调查后通过审核的 7 件，纠正重大行政处罚引用法律依据错误 2 处，变更提请部门处理意见 3 件，降低了执法风险，维护了纳税人权益，守住了法律底线。

二是行政执法突出问题有效整治。在金沙县探索依法行政突出问题整治工作，金沙县委、县政府出台《金沙县依法行政突出问题整治工作方案》，明确县委统筹领导、县纪委监委主抓、县司法局具体负责、各乡镇及县直各部门一体推进的依法行政领域突出问题整治工作，对重点执法部门在重点领域执法中不作为、乱作为、慢作为、假作为开展全面整治，高效推进依法行政，维护政府权威和行政机关良好形象，保护行政相对人合法权益。

（七）着力科技助推执法，实现监督信息化水平有效提升

一是行政执法"三项制度"平台推广应用试点全面推进。2017 年，毕节市作为全国 32 个试点地区之一开展了行政执法"三项制度"试点工作，试点工作成效得到国务院法制办和省政府充分肯定。2019 年，全面推行行政执法"三项制度"，修订《毕节市行政执法公示办法》《毕节市行政执法全过程记录办法》《毕节市重大行政执法决定法制审核办法》，推动各级执法部门制定重大执法决定法制审核目录清单等，全面健全工作制度机制。截至 2022 年底，金沙县综合行政执法局、卫生健康局、交通运输局等 20 家执法部门完成行政执

法主体案由信息录入和试点工作平台搭建工作，录入案由 4861 项（条），绘制文书总计 364 份，运用平台开展行政执法办案 189 件，目前未出现被复议诉讼的案件。在全面提升行政执法行为规范性及合法性方面进行有益探索，为全省全市推广应用平台奠定良好基础。

毕节市税务部门 2017 年正式启动行政执法"三项制度"试点工作，在信息化落实"三项制度"上取得了明显成效，获得了国务院法制办、国家税务总局、贵州省税务局、毕节市委市政府等各级领导的充分肯定。北京市法制办、河北省法制办等省内外 40 余家单位先后前往毕节市税务局考察交流试点工作经验，《法制日报》、《中国税务报》、中国新闻网、《贵州日报》等媒体相继报道了毕节市税务局试点工作成果。2021 年以来，全市税务系统累计在各类公示平台发布事前、事中、事后执法信息 1.45 万条，执法全过程记录平台上线以来，全市税务系统共完成执法全过程记录归档 1627 项，采集音像记录 200 余条。

二是行政执法信息化建设全面加强。黔西市充分发挥信息化监督平台功能作用，实时对黔西市各单位在贵州司法云平台行政执法监督板块录入维护相关信息情况开展督导指导工作，确保各单位信息及时维护和更新。高质量推进执法证和监督证申请办理，指导各乡镇（街道）完成 965 名执法人员信息维护，市直各执法部门 850 名执法人员申领及换证。指导各乡镇（街道）内设监督机构信息及监督人员信息维护；同时完成 136 个乡镇（街道）司法所 136 名监督人员信息维护；指导 27 个市直执法部门完成内设监督机构和 46 名监督人员信息维护。

毕节市市场监管局建立"互联网+明厨亮灶"智能分析和监管调度中心，对接入平台的所有学校食堂食品加工过程实时进行可视化监督，对视频采集异常告警、公众投诉及视频投诉调度等数据信息进行必要性分析。学校管理人员和教育、民政、市场监管等部门人员通过手机应用程序实时查看相关视频资料，进行远程监督指导，对异常视频进行截图、录像，固定证据并提交监管报告，有效解决传统"现场指导（检查）+查处"方式存在的监管力量不足、发现处理不及时、监管成本高等问题，监管效能全面提高。全市共 2935 所学校、219 所敬老院接入"互联网+明厨亮灶"平台。2022 年，全市各级市场监管部门及指挥调度中心共对学校和养老机构食堂开展网上巡查 10916 次，发现问题 2573 条，追踪整改问题 1880 条。

毕节市文体旅广局积极推动"文化旅游+大数据"深度融合发展，大力推进全域智慧旅游服务平台、"一码游贵州"等项目落地实施，全面推动智慧旅游景区、智慧文旅企业建设。截至 2022 年底，基本实现全市国家 4A 级以上旅游景区核心区域 5G 网络全覆盖。其中，百里杜鹃、织金洞、九洞天等景区均已建设智慧旅游景区管理中心，实现智慧监管、智慧票务和智慧游览等"旅游+大数据"融合发展，有利于发挥智慧平台排风险、保安全、守底线等作用，进一步促进文旅市场在安全有序的环境下健康发展。

（八）着力定期集中专项整治，实现重点领域执法成效明显

一是行政执法专项监督制度不断完善。制定《毕节市行政执法专项监督制度（试行）》《毕节市全面加强行政执法监督提升行政执法质量工作方案》《毕节市全面推进依法行政领导小组办公室关于开展行政执法专项监督工作的意见》等文件，对关系群众切身利益，人民群众反映强烈，执法问题突出的涉企执法、涉农执法等六大执法领域开展专项监督行动，贯彻落实以人民为中心的行政执法监督思想。市市场监管局全面推行"行政提醒书""行政指导会议""集体约谈"等执法方式开展行政管理，让执法既有力度又有温度。市公

安局交警支队违法停车"首违不罚"得到群众肯定。

二是加大执法力度，专项整治成效显著。全面加大食品药品、公共卫生、自然资源、生态环境、安全生产等关系群众切身利益的重点领域执法力度，针对群众反映强烈的突出问题，开展集中专项整治。2020年以来，市级执法部门先后组织开展了打击欺诈骗保专项整治活动、女职工产假等权益专项执法行动、规范城市公共交通运营秩序暨打击非法营运的执法行动、打击农村假冒伪劣食品专项执法行动、危险化学品烟花爆竹油气管道安全监管和非药品类易制毒化学品监管行动等专项整治，有力整治了突出问题。畅通违法行为投诉举报渠道。制定《毕节市煤矿重大违法违规生产建设行为举报奖励办法》《毕节市安全生产领域举报奖励办法》等办法，明确奖励标准，严格保护举报人。全面推进各级行政执法部门公布投诉举报电话，畅通违法行为举报渠道。

毕节市交通运输局自2022年3月13日全省安全生产"打非治违"工作开展以来，累计查处无证、证照不全、证照过期477起，超许可生产经营17家，吊销证照339张次，停业整顿23家次，关闭取缔企业8家次，查处其他违法违规行为3092起（含非法营运车辆），累计立案调查2213件，切割船舶2艘（威宁县），累计罚款2234.356万元，约谈企业17家次。

毕节市生态环境局紧紧围绕打击环境违法犯罪"利剑2021—2025"专项行动、打击危险废物环境违法犯罪和重点排污单位自动监测数据弄虚作假违法犯罪专项行动，紧盯重点行业、重点流域进行综合监管。严格落实"三三制"现场检查法，切实提高执法检查发现问题能力。持续加大案件查处力度，对生态环境领域违法行为形成有力震慑。2022年以来，全市生态环境系统共处罚案件206件，处罚金1735.522万元，其中，查封扣押1件，停产限产2件，移送公安机关行政拘留 5 件，涉嫌环境污染犯罪 1 件。

毕节市生态环境局着力开展煤矿行业环境执法专项行动。为全面排查并推动解决煤矿企业突出生态环境问题，组织对全市在产、在建煤矿污染治理和环境管理情况进行全排全查、全面体检，督促企业落实主体责任，指导企业推动问题整改，全面提升煤矿行业环境管理水平，推动煤矿行业健康发展。截至 2022 年底，共排查发现存在问题煤矿企业 95 家，存在问题 283 个，其中依法立案查处 9 家，共处罚款 204 万元；发现的问题已全部现场交办煤矿企业整改并纳入从严排查专项整治台账进行调度。

毕节市文化广电旅游局通过加强重点区域、重点领域日常监管和执法巡查等方式，实现市文化市场综合行政执法重点区域、重点领域监管全覆盖。2022 年以来，共出动执法人员 2404 人次，检查文化市场经营单位 941 家次，办结案件 70 件。在执法过程中，加大对"黑网吧"、无证歌舞娱乐场所、"黑旅行社"、"黑导游"等打击力度，取缔无证经营歌舞娱乐场所 3 家、无证游艺娱乐场所 1 家，责令停业整顿 2 家，取缔黑网吧 1 家，有效震慑了市场乱象，进一步规范了文旅市场经营环境，为文旅市场高质量发展奠定法治基础。

毕节行政执法协调监督工作体系
建设试点的经验与启示

毕节市自被定为贵州省开展行政执法协调监督工作体系建设试点以来，深入贯彻落实习近平法治思想，将试点工作作为推进法治政府建设的重要举措，目前已经取得了丰硕的实践成果和理论经验。系统回顾"毕节经验"并进行总结概括，有助于为进一步加强省市县乡四级全覆盖的行政执法协调监督工作体系建设提供有益启示。

一 毕节行政执法协调监督工作体系建设试点的经验

（一）探索形成"12345"工作模式

毕节市紧密结合本地实际，探索形成"围绕'一盘大棋'、坚持两块齐抓、推动三级覆盖、完善四项机制、建设五个体系"的"12345"工作模式，扎实推进行政执法协调监督工作体系建设试点，不断强化全方位、全流程监督，进一步提高行政执法质量。

1.围绕"一盘大棋"

毕节市委、市政府高度重视试点工作，高站位谋划部署开展工作，着力为贵州按期基本建成省市县乡四级全覆盖行政执法协调监督工作体系提供探索路径和实践基础。毕节全市上下牢固树立"一盘棋"理念，立足法治毕节示范创建和创建全国法治政府建设示范市的实际，抓住在行政执法协调监督工作体系建设上先行先试的契机，将试点工作作为推进毕节法治政府建设的重要举措纳入法治毕节示范创建工作内容，切实保障试点工作有力有序有效开展。

2. 坚持两块齐抓

毕节市坚持既抓"全域推进"又抓"典型示范"，按照"全面推行、重点探索、打造示范、树立典型"的工作思路，推动试点工作成果连点串线、连线成面。结合八个县（自治县、市、区）和市直执法部门工作实际情况，印发《毕节市开展行政执法协调监督工作体系建设试点工作任务分解表》，列明各县（自治县、市、区）和有关市直执法部门在试点工作中的重点任务，强化试点工作的针对性和增强试点成果的示范性。

3. 推动三级覆盖

毕节市探索市县乡三级全覆盖的行政执法协调监督机构设置新模式，将行政执法监督权限从市本级层面充分下放至县、乡一级，形成市县乡三级全覆盖的行政执法监督新格局。

在市县两级司法局加挂同级人民政府行政执法监督办公室牌子，设置行政执法协调监督科（股室）承担行政执法协调监督具体工作，明确市县两级 209 家行政执法部门法制工作机构或相关职能机构为承担本部门行政执法协调监督工作的专门机构。

率先尝试向乡镇（街道办事处）延伸行政执法监督工作，明确乡镇（街道办事处）党政办加挂法制办公室牌子并负责本级内部行政执法监督工作，司法所协助上级司法局开展对乡镇（街道办事处）的行政执法协调监督工作，形成县级执法部门＋乡镇（街道办事处）+司法所的"1+1+1"监督模式。

4. 完善四项机制

毕节市积极创新行政执法协调监督工作机制，大力完善行政执法监督机制、行政执法协调机制、行政执法衔接机制和行政执法问责机制，不断提高行政执法质量。

完善行政执法监督机制。建立健全行政执法监督工作制度体制机制，进一步细化行政执法监督的范围、内容、程序、方式和采取的保障措施，进一步规范行政执法监督文书制作，推动行政执法监督制度落实落细。

完善行政执法协调机制。建立健全行政执法协调工作制度体制机制，进一步明确执法争议的协调方式、程序、时限，建立健全行政执法协同协作机制，切实加强乡（镇、街道）与县级行政执法部门协同协作、综合行政执法部门与其他行政部门协调配合，及时解决各类行政执法争议。

完善行政执法衔接机制。建立健全行政执法衔接工作制度体制机制，畅通行政执法协调监督的衔接配合，进一步优化行政执法部门与司法行政主管部门、公安机关、检察机关、纪检监察机关之间的行政执法协调监督工作会商、信息通报、案件函告等协作机制，定期开展案件会商、问题分析研判，推动解决行政执法突出问题。

完善行政执法问责机制。建立健全有效落实行政执法责任制的制度体制机制，强化行政执法追责问责，率先在全省出台行政错案问责追责办法，修订完善行政错案问责追责的相关规则程序，抓牢抓实行政执法过错责任追究工作，对行政败诉案件、行政复议纠错的行政执法案件开展责任追究，不断提升行政执法行为质效。

5. 建设五个体系

毕节市着力推进行政执法协调监督工作体系建设，从"职责权限、人员机构、程序方式、智能监督、配套保障"等维度，大力建设制度体系、队伍体系、监督体系、信息体系和保障体系。

构建制度体系，探索出台《毕节市行政执法监督办法（试行）》《毕节市行政执法专项监督制度（试行）》等规范性文件，形成"1+15+12"的制度体系，推动试点工作规范有序实施，促进行政执法协调监督工作的制度化、规范化、程序化。

建强队伍体系，选优配齐行政执法监督人员，推进行政执法监督证办理，各行政执法监督机构明确2名以上人员持证从事行政执法监督工作。建立行政执法社会监督员队伍，在市县两级企业、商会以及村居社区等设立行政执法监督联系点，面向社会各界选聘行政执法社会监督员。设立行政执法监督专家库，从重点执法部门、法律顾问中选聘行政执法业务专家入库。

创新监督体系，聚焦全流程全方位监督，聚合内外资源，探索行政执法多元化监督。深入强化行政执法内部监督，创新明确行政执法专项说明、行政执法工作检查、行政执法专项监督、行政执法卷宗评查、行政执法责任追究等11种监督方式。不断拓展行政执法外部监督，全面畅通社会监督渠道，在全市563个行政执法部门设置投诉举报电话，发布线索征集公告，规范办理回复群众来电来信，定期开展行政执法案件回访。

整合信息体系，综合应用贵州省行政执法"三项制度"工作平台、贵州省司法云平台、贵州省双随机一公开平台、国家企业信用信息公示平台（贵州）和贵州省政务服务网，大力运用大数据、云计算、人工智能、区块链等信息技术推进跨地区、跨部门执法信息互联互通、数据共享，以科技手段提高对执法活动的即时性、过程性、系统性和智能化监督。

夯实保障体系，加强行政执法协调监督工作基本配套保障的标准化、规范化建设，强化行政执法协调监督工作资源调配，大力协调编制、项目、经费，保障开展行政执法协调监督工作的人力物力财力需求。

（二）实现"五个新突破"

在本轮行政执法协调监督工作体系建设试点中，毕节市通过"五个聚焦"实现"五个新突破"，作出了有益的"毕节探索"。

1. 聚焦制度供给，在制度化规范化建设上再突破

行政执法协调监督工作是一项没有现成经验可循的探索性实践，各地实践普遍面临制度供给不足的问题。毕节市采取"全域推进、典型示范"的思路，并未就试点而试点、就改革而改革，而是将行政执法协调监督工作体系建设试点工作放在"法治毕节"示范创建工作和地方治理体系与治理能力现代化的大背景中谋划。由市委、市政府印发工作实施方案，将试点工作分解为 30 项具体任务，根据各县区和市直部门工作实际明确不同的重点任务。在此基础上进一步制定涉及争议协调解决、案卷评查、投诉举报、专项监督、案件回访等28 个工作制度，初步形成"综合性全局性方案+协同性系统性配套措施"的制度体系，为各级各部门的行政执法协调监督提供了指引遵循，使行政执法协调监督制度化规范化程度进一步提升。

2. 聚焦体系优化，在畅通机制凝聚合力上再突破

基于塑造整体性政府理念，行政执法系统逐步从条块分割向统筹整合转变，执法功能逐步从碎片化向集成化转变。需要因应综合行政执法改革的新特点新要求，持续优化行政执法协调监督体系。毕节市以打通"监督+协调+衔接"环节为重点，建立健全协同协调、信息共享和案件移送机制，健全规范行政审批、监管、处罚等执法环节相互衔接机制及行政执法与刑事司法衔接机制，探索建立将涉嫌违纪违

法问题线索移送纪检监察机关的监督工作机制。以深化乡（镇、街道）综合行政执法协调监督机制改革为重点，探索"司法行政部门+行业主管部门+乡（镇、街道）"模式，强化市级行政执法监督办公室统筹指导职能，强化部门行政执法监督机构建设，截至 2022 年底，市县两级 209 家行政执法部门中有 141 家设置"法规或法制工作机构"，68 家未设置法制工作机构但明确行政执法监督工作机构，强化行政执法监督触角向乡（镇、街道）延伸。推动执法监督下沉，实现市县乡三级监督机构全覆盖，确保放得下、接得住、管得好、有监督。

3. 聚焦质效提升，在方式创新强化问责上再突破

通过拓展多元监督方式、强化问责处理，着力解决行政执法监督手段不硬、质效不高的问题。深化"常态监督+专项监督+社会监督"模式运用，常态化开展日常监督监管、案卷评查，2022 年 1~11 月，毕节市县两级司法行政部门和市级重点执法部门采取专项评查、集中评查、交叉评查等方式共开展行政执法案卷评查工作 40 余次；对关系群众切身利益、群众反映强烈的执法领域开展行政执法专项监督，选聘 40 名行政执法业务专家组建监督专家库集中开展落实"三项制度""六大领域"行政执法专项监督；强化社会监督，全市 563 个行政执法部门公布行政执法监督投诉举报电话；广泛开展案件回访工作，2022 年 1~11 月，各级行政执法部门共对 4529 件行政处罚案件、3557 件行政许可（审批）、422 件行政检查开展回访，行政相对人满意度均在 96% 以上。加大问责力度，根据行政错案问责追责办法，由市县两级司法行政部门牵头对行政执法过错行为开展问责追责工作，推动行政执法责任制进一步落实，2022 年 1~11 月，已通报批评、约谈、批评教育、诫勉谈话、移送调查处理线索等近百人次；在毕节市金沙县探索依法行政突出问题整治工作试点中，初步形成

"县委统筹领导、县纪委监委主抓、县司法局具体负责、各乡镇及县直各部门一体推进"的工作格局，对重点领域执法中不作为、乱作为、慢作为开展全面整治。

4.聚焦队伍建设，在职业化专业化建设上再突破

现今条件下，单纯地通过扩编增人强化队伍建设不具现实可行性；更需从优化人员配置、强化素质提升、优化工作流程上要效益。根据各级行政执法监督机构至少明确 2 名行政执法监督人员的工作要求选优配齐行政执法监督人员，把好执法监督"入门关"，截至 2022 年 11 月，毕节市共有 400 余名符合条件的执法监督人员获得行政执法监督证。强化外部支持，从重点执法部门、法律顾问中选聘行政执法业务专家 40 名组建市政府行政执法监督专家库，从具有法治工作经验的律师、检察官、法官中遴选 22 名成员组建市政府行政案件评审专家库。强化执法人员和执法监督人员大学习大练兵大比武，威宁县在实践中摸索出"三建三训三紧盯"工作模式，推动两类人员法治意识和业务素质持续提升。

5.聚焦科技支撑，在智能化信息化建设上再突破

强化行政执法"三项制度"运用，毕节市是全国首批行政执法"三项制度"试点单位，在本轮试点中，分别选取金沙县、税务局作为县区试点单位和市直部门试点单位，按照从点到面的原则，持续推动"三项制度"规范化常态化运用。强化行政执法信息化建设，以"互联网+明厨亮灶"智能分析和监管调度中心为重点，加强对学校食堂、作坊等重点单位监管执法，对接入平台的所有学校食堂食品加工过程实时进行可视化监督，对异常视频进行截图、录像，固定证据并提交监管报告，有效解决传统"现场指导（检查）+查处"方式存在的监管力量不足、发现处理不及时、监管成本高等问题，截至2022 年 11 月，毕节市 2935 所学校、219 所敬老院接入"互联网+明厨亮灶"平台。强化对执法行为的即时性、过程性、系统性监督，依托省"司法云"等工作平台，加快推进行政执法 App、执法监督平台应用建设，构建全方位全流程执法监督格局。

二 毕节行政执法协调监督工作体系建设试点的启示

2022 年 10 月，毕节市通过工作座谈、走访了解等方式，广泛了解社情民意，全面掌握试点成效，全方位、多渠道、多层次开展试点工作评估，群众普遍表示执法更加规范、监督更加有力、维权更加便捷，行政执法与行政执法监督形成良性互动。总结毕节市行政执法协调监督工作体系建设试点的经验，从中得出如下启示。

（一）坚持党的领导和以人民为中心，是加强行政执法协调监督工作体系建设的根本遵循

习近平总书记在 2020 年 11 月 16 日中央全面依法治国工作会议上强调："要加强省市县乡四级全覆盖的行政执法协调监督工作体系建设，强化全方位、全流程监督，提高执法质量。"党的二十大报告明确指出，从现在起，中国共产党的中心任务就是团结带领全国各族人民全面建成社会主义现代化强国、实现第二个百年奋斗目标，以中国式现代化全面推进中华民族伟大复兴。行政执法事关人民群众切身利益，事关人民群众对法治的信仰。因此，要让人民群众在行政执法活动中感受到公平正义，行政执法协调监督工作就必须明确坚持党的领导，坚持与人民群众保持密切联系。具体而言，可以通过建立行政执法社会监督员队伍，实行行政执法案件回访制度、行政执法批评建议制度等，拓展人民群众参与行政执法监督的渠道，倾听人民群众对行政执法的意见建议，把行政执法监督工作切实做到人民群众的心坎里去。

（二）加快推进中央立法进程，是加强行政执法协调监督工作体系建设的必要趋势

法治是社会关系的"调节器"，只有将需要调整的社会关系或规范的社会行为用法律制度加以明确，才能为行政执法协调监督工作提供可靠依据或遵循规则。自《司法部办公厅关于开展省市县乡四级行政执法协调监督工作体系建设试点工作的通知》发布以来，全国各地试点单位按照依法有序、科学规范、统筹推进、切实可行的原则，紧紧围绕行政执法协调监督工作遇到的新情况、新问题，在执法监督职责、协调监督内容、执法监督方式、机构队伍建设、信息化水平提升、执法监督能力提升等方面积极探索可复制可推广的经验做法，目前已经取得了良好的成果。中央有要求、地方有实践、人民有期盼，进行国家层面的统一立法、专门立法的时机和条件已基本成熟，因此可以在收集整理各试点工作经验的基础上，分析个性条件、提取共性要素，尽快出台"行政执法协调监督条例"等相关法律法规，从中央立法层面提高行政执法协调监督工作的可行性、规范性和权威性。

（三）完善协调监督组织架构，是加强行政执法协调监督工作体系建设的重要前提

习近平总书记作出加快建设协调监督工作体系的指示，地方实践中对协调监督的需求强烈，凸显建立协调监督工作体系的重要性与急迫性。截至 2022 年底，毕节市建立了区域内的协调监督领导小组，有的试点地区在本地区司法局加挂"行政执法监督局"牌子，有的试点地区在司法局设立行政执法协调监督工作室、办公室，有的试点地区则建立监督"同盟体"，其目标与效果都是明确司法局负责行政

执法监督的主体地位、加强行政执法协调监督实效。不论是机构编制的创新还是组织体系的创设，都以理顺体制、强化协同监督为主要目标。各地先行先试、因地制宜，但未形成统一的模式。因此，应当在各地试点经验的基础上，尽快形成一套可推广使用且有效的框架体系，以此理顺体制。

（四）厘定省市县乡四级执法协调监督条块职责，是加强行政执法协调监督工作体系建设的必然要求

《中共中央关于全面深化改革若干重大问题的决定》提出，推行地方各级政府及其工作部门权力清单制度，依法公开权力运行流程。完善党务、政务和各领域办事公开制度，推进决策公开、管理公开、服务公开、结果公开。行政执法协调监督工作体系建设也应当依靠职责清单的明确厘定，让政府及其工作部门全面了解自身工作职责，杜绝不作为、乱作为或以权谋私等乱象，进而提高行政执法协调监督工作效能。实践中，省市两级行政执法部门实施行政执法活动较少，行政执法活动集中在县乡两级。以毕节市为例，35家行政执法部门，设立综合行政执法支队的有12家，每年开展行政处罚活动的部门仅有市能源局、市市场监管局、市农业农村局、市文化广电旅游局等10余家。在实际监督工作中，不同的执法领域执法特点不尽相同，司法行政部门在指导行政执法工作中难以"一把尺子量到底"。因此，在完善行政执法协调监督工作体系时，要厘清省市县乡四级执法协调监督条块职责，形成监督合力，避免职责空白或职责交叉的现象。

（五）综合运用监督结果，是加强行政执法协调监督工作体系建设的有效手段

行政执法协调监督工作是建设法治政府、提高行政能力、改进工

作作风、激励广大干部担当作为的重要举措，而要切实推动工作落地有声，必须把握好监督结果综合运用这一关键环节。对执法机关，要细化和落实监督处理的程序、时限，尤其是明确拒不执行监督建议或决定时所需承担的后果；建立和落实约谈、监督情况和结果公示曝光、监督建议或决定抄送监察机关等制度；完善相关考核机制，着重将执法情况、落实监督建议或决定情况等纳入地方法治工作考核、领导干部政绩考核，与职务、待遇升降等切实挂钩。对执法人员，特别要明确行政执法协调监督机构可以暂扣或者吊销行政执法资格证件，并细化适用的情形；同时，要健全和落实与组织人事部门、监察机关的协作机制，将涉嫌违纪违法的执法人员通过制度化渠道和程序移交处理。此外，针对监督结果的运用，也要制定相应的方案和实施细则，必要时可通过专家学者论证等方式，确保对监督结果的运用合法有效。

（六）助力监督工作数字化建设，是加强行政执法协调监督工作体系建设的时代要求

借助数字技术推动行政执法协调监督工作数据化、精细化，实现监督问责和调查处置更加科学、严密、高效，业已成为全国各地完善行政执法监督体系的重点。从当前的形势来看，行政执法协调监督工作仍存在主体协调不到位、执法问题线索掌握不及时、数据信息分散等问题，结合构建全覆盖的整体政府监管体系和全闭环的行政执法体系的工作要求，数字赋能是实现实时、高效、协同的行政执法协调监督较好的方式。以毕节市为例，虽然毕节市依托线上统一办事平台，初步实现了监督智能化，但受制于数据打通等障碍，目前的系统智能化与高效性还有待提升，需要上级部门给予数据打通等方面的支持与指导。因此，建议省级层面在重点监管领域牵头统一行政裁量权基准，善用数字化手段推动跨区域联合执法协作。

（七）依托监督外延形成联动体系，是加强行政执法协调监督工作体系建设的内在逻辑

行政执法协调监督工作涉及多部门、多领域，不仅需要行政机关内部的参与，也需要联动司法机关、检察机关、公共媒体等，形成联合监督体系。如联动复议监督职能，相关部门可以将近年来办理的行政复议案件进行梳理，并定期发布行政复议案例，以案释法、以案代训，发挥规范指导作用。针对复议案件办理过程中发现的管理和规范问题，及时下发《复议意见书》，提出整改意见和建议，作为后续执法监督重点。如联动检察法律监督职能，发挥检察机关与司法行政机关各自优势，通过深化合作共建等方式，整合监督资源，形成工作合力，在推动执法单位依法履行法定职责、切实化解行政争议方面联合开展工作。如联动依法治市一体化办公机制，将推动严格规范公正文明执法纳入全面依法治市、推进法治政府建设的大格局中统筹推进，联合开展执法工作调研和专项监督工作。对存在问题较多、对法治建设工作重视程度不够的执法部门，采用区领导约谈、调研督查等方式，推动相关部门切实履行好职责。还可以发挥公共媒体的作用，与媒体中心搭建执法监督举报平台、公布执法监督举报电话，与其他监督方式形成多方位、立体式的监督网络，保障执法部门严格执法、依法履行职责。

（八）做好专业人员队伍建设，是加强行政执法协调监督工作体系建设的重要保障

行政执法协调监督人员要指导和监督行政执法工作，需要具备比行政执法人员更加深厚的专业素养。实践当中，尤其是基层，具备法学教育背景的人员占比较低，通过法律职业资格考试的人员更少，再

加上激励保障机制不到位，行政执法监督队伍建设滞后的情况并不鲜见。因此，一方面，要规范和加强对行政执法辅助人员的管理监督。行政执法辅助人员"辅助"的边界模糊不清，不少地区和部门无执法资格的合同工、临时工越界、违规"执法"的现象较为突出，反映出我们在行政执法资格管理方面还存在严重的缺漏。在国家层面，希望可以出台"行政执法辅助人员管理办法"，明确聘用条件和程序、岗位职责和权利义务、监督管理措施、责任追究等事项。在统一的管理办法出台之前，可通过明察暗访、接受群众投诉等方式，加大对合同工、临时工违规"执法"行为的发现和查处力度，督促执法主体加强管理、规范执法辅助行为。另一方面，要加强队伍保障机制建设。行政执法监督队伍是确保行政执法监督工作取得实效的根本保障。建议建立行政执法监督队伍培训、培养和激励机制，统一行政监督证样式，加强行政执法监督经费、装备保障，增强行政执法监督工作职业认同感和荣誉感，让更多优秀的法治人才投身于行政执法监督工作中，建设一支职业化、专业化、年轻化的行政执法监督队伍。

专题篇

专题一
市直执法部门的行政执法协调监督探索

"平台载体应用+
内外监督并重"机制研究

在毕节市深入开展行政执法协调监督工作体系建设试点工作的进程中，毕节市税务局结合中办、国办《关于进一步深化税收征管改革的意见》要求，将开展试点工作与推进"精确执法"深度结合，对照《毕节市开展行政执法协调监督工作体系建设试点工作任务分解表》，印发《行政执法协调监督工作体系建设试点工作实施方案》，提出找准税务执法协调监督工作重点，继续塑造税务部门行政执法"三项制度"[①] 亮点品牌，在创新行政执法协调监督方式等方面积累

[①] 2022 年 6 月，贵州省司法厅将司法部在贵州省开展行政执法协调监督工作体系建设试点工作确定在毕节开展。行政执法公示制度、行政执法全过程记录制度、重大执法决定法制审核制度，简称行政执法"三项制度"。行政执法"三项制度"平台，是"互联网+监管"核心支撑系统的重要组成部分，是落实行政执法"三项制度"的重要举措，是推进严格规范公正文明执法的重要抓手，是加快法治政府建设的重要载体，对于有效规范行政执法行为、提高行政执法效能、强化行政执法监督，提升执法人员能力和水平，提高政府公信力，维护人民群众合法权益具有重要意义。2021 年 9 月，贵州省司法厅按照国务院办公厅《关于全面推行行政执法公示制度行政执法全过程记录制度重大执法决定法制审核制度的指导意见》和贵州省政府办公厅《关于全面推行行政执法公示制度行政执法全过程记录制度重大执法决定法制审核制度的实施意见》要求，建设上线了贵州省行政执法"三项制度"工作平台，明确在毕节市各级行政执法部门开展平台推广运用试点工作。

具有毕节税务特色的工作经验。经过探索，毕节市税务局形成了"平台载体应用+内外监督并重"的税务行政执法监督工作机制，进一步推进税务执法的严格规范公正文明。

一 深化应用"三项制度"平台等载体加强 税务执法公示记录审核监督

毕节市税务局接续行政执法"三项制度"前期工作基础，充分应用税务执法信息公示平台、税务执法全过程记录平台、金税三期系统重大执法决定法制审核模块"三项制度"平台，不断强化税务执法监督工作。

（一）前期行政执法"三项制度"平台布局的完成，为深化税务执法监督铺垫扎实基础

毕节市税务局在开展行政执法"三项制度"前期工作的良好基础上，[①] 接续完成行政执法"三项制度"平台布局工作。2020 年 12

---

① 2017 年 2 月，毕节市税务部门就启动开展了行政执法"三项制度"试点工作，并且在信息化落实行政执法"三项制度"试点工作上取得明显成效，相关工作经验及成果取得较好的反响。2017 年 9 月，国务院法制办到毕节市税务局专题调研"三项制度"试点工作并给予了充分肯定。2018 年 8 月，毕节市税务局参加"中国法治政府奖"实地核查工作调研并进行"三项制度"试点工作的专题汇报。2019 年 4 月，毕节市税务局在全国税务系统政策法规工作暨全面推行"三项制度"部署会议上作经验交流。国务院法制办、国家税务总局、贵州省税务局、毕节市委市政府等各级领导对毕节市税务局"三项制度"信息化试点工作给予了肯定。北京市法制办、河北省法制办等贵州省内外 40 余家单位先后到毕节市税务局考察交流"三项制度"信息化试点工作经验。《法制日报》、《中国税务报》、中国新闻网、《贵州日报》等国家及省级媒体相继报道毕节市税务局"三项制度"信息化试点工作成果。

月，毕节市税务局上线由贵州省税务局统一开发的执法全过程记录平台，同时按贵州省税务局部署在官方网站上启用税务行政执法信息公示平台，并将重大执法决定法制审核业务搬到金税三期系统，为在推进行政执法协调监督工作体系建设试点工作中强化行政执法"三项制度"平台应用提供了扎实的软硬件基础。

（二）借助"三项制度"平台等载体，三位一体推进税务执法过程控制和监督

1.加大税务执法信息公示平台等外部公示平台的应用力度，实现执法公示多维度

毕节市税务局结合 41 项税务执法信息公示内容的特点，制定《行政执法公示工作指引（试行）》，从实际出发通过税务行政执法信息公示平台、税务门户网站、税企平台、电子税务局等外部公示平台进行全方位、多维度公示，按照自动推送、人工上传公示模式设计了不同公示流程，根据公示内容、公示范围进行多渠道公示，提高税收执法工作的透明度，进一步落实"阳光税务"要求。多渠道的信息公示让执法更透明。一方面，纳税人可通过税务行政执法信息公示平台、税务门户网站、办税厅查询机等渠道自主查询所有公示数据及行政许可事务办理进展情况，更好地保障纳税人知情权、参与权、监督权，增强纳税人获得感。另一方面，全面公示"晒权"也增强了税收管理人员规范执法意识，避免随意执法，减少执法权力寻租的空间，预防不廉洁行为的发生，提升税务机关形象。2021 年 1 月至 2022 年 9 月，毕节市税务系统累计在各类公示平台发布事前、事中、事后执法信息 1.45 万条，税收执法行为在社会"聚光灯"下得以充分晾晒。

2.加大税务执法全过程记录平台的应用力度，过程留痕让执法更规范

完善进户执法全过程记录标准，将8项执法事项（11个执法环节）纳入执法音像记录事项清单，制定《现场执法语言行为指引（试行）》规范音像记录用语，对现场调查或勘验、听证、行政强制、公告送达等容易引发争议的税收执法过程明确25个音像记录节点，实行节点控制，形成听有声音、观有视频、看有图片的执法全过程记录信息数据库，让权力以"看得见"的方式规范运行，进一步落实"规范税务"要求。行政执法全过程多方式记录机制破除税收执法人员监督盲区，节点控制式的作业标准框定任务执行要求，图片影音佐证资料的充实，促使执法人员主动规范执法行为，有效破解过去制度碎片化、开展工作信息化水平低等问题，审批事项更加透明高效。2021年1月至2022年9月，毕节市税务系统共完成办结执法全过程记录归档业务1054项，采集音像记录450余条。其中，2022年1~9月，毕节市税务系统办结执法全过程记录归档业务290项，采集音像记录50余条。

3.加大金税三期系统重大执法决定法制审核模块的应用力度，严格落实重大执法决定法制审核制度

制定《重大执法决定法制审核工作指引（试行）》，对法制审核事项清单内5项审核事项，明确执法主体、执法程序、案件事实、法律依据等审核内容的具体判断标准，强化对税务机关权力运行的制约和监督，进一步落实"法治税务"要求。通过流程再造，将重大税收执法决定法制审核作为重大执法决定前置程序，建立以书面审核为主、集体审议为辅的审核模式，明确要求用"法律的眼睛"看一看，以"法律的尺子"量一量，未经法制审核的或审核未通过的，不得作出决定。毕节市税务局将28名系统公职律师充实到法制审核人才队伍，为解决法制审核中的各类疑难问题提供专业团队支撑。2021

年 1 月至 2022 年 9 月，毕节市税务系统共对 200 余项重大执法决定进行了法制审核，其中法制机构退回补充调查后通过审核的 7 件，纠正重大行政处罚引用法律依据错误 2 处，变更提请部门处理意见 3 件。此外，进一步严格落实《重大税务案件审理办法》，安排公职律师深度参与重大税务案件审理工作，从程序上实体上进行全面审查，确保重大税务案件处理合法公正。2022 年 1~10 月，毕节市税务局受理重大税务案件 6 件，经审理退回补充调查 4 件，经补充调查后再次提请重审，目前审结 6 件，发挥了重大税务案件审理内部执法监督作用，更好地保护了纳税人缴费人合法权益。

二　通过高效运用税务系统内部控制监督平台等途径强化税务执法督察内审监督

毕节市税务系统所有执法事项均通过金税三期系统全流程流转，实现所有执法案件全流程电子化管理，从立案、责令限改、告知、处罚全流程均有信息记录。在此基础之上，毕节市税务局大力依托国家税务总局"税务系统内部控制监督平台"（以下简称"税务内控监督平台"）等载体，聚焦重点开展执法督察内审，严格深入落实行政执法责任制，破解"督审基础不牢、工作监督不细、追究问责不严"等难题，落实"事前预警—事中提醒—事后监督—整改问责—长效机制"的"全链防控"机制，全面优化税收执法监督方式。

（一）依托税务内控监督平台做好执法督审"日常保健"，兼以季度检查做好执法督审"定期体检"、专题检查做好执法督审"专项体检"

1.通过税务内控监督平台实时开展执法监督，保持日常督察内审

税务内控监督平台根据容易产生执法风险的各环节设置监控指

标，一旦基层执法单位未按规定执法流程、时限等操作，监督平台将自动预警提示，目前平台的监控风险指标合计 500 余项，并专门对高风险执法事项设置 11 项监控指标，如"处罚依据是否正确""是否在责令限改期内处罚""超过规定时限处罚"等。毕节市税务局安排专人负责监督平台管理工作，能够实时通过内控监督平台的电脑系统实现对毕节市税务系统执法的无差别全方位公平公正监督，对系统发现的风险点实时推送基层执法部门调查核实整改情况，同时组织人员编写高风险事项内控指标，通过人工抽取数据进行筛选，对筛选出的疑点数据一并推送县级税务部门应对处理。通过发挥税务内控监督平台日常监督和过错预警功能作用，毕节市税务局做到税收执法过错预警日常化，及时发现、纠正执法工作中存在的风险，实现对税收执法人员与执法事项的全方位监督，推动优化税收执法方式，促进执法规范化。税务内控监督平台成为毕节市税务局实时高效开展执法监督的有效手段。2022 年 1~10 月，毕节市税务局通过系统自动预警及人工筛查，共推送 10000 余条风险数据，累计通过内控监督平台提取的预警过错数据自我纠错率排名贵州全省第一。

2.成立监督检查工作组，抓好执法督审综合检查

毕节市税务局将督察审计同政务督查、纪检监察、党建、人事等工作统一部署，统筹协调，定期开展综合检查。同时，整合监督资源，统筹检查内容，检查成果共享，整改内容共议，切实提升工作效率，减轻基层负担。2022 年 1~10 月，共开展综合督查 14 次，发现并整改问题 420 个。在整改问题上，毕节市税务局坚持不走过场，督促下辖各地税务机关逐条逐项深挖问题根源，拿出切实可行的整改措施和办法，明确责任期限，建立整改台账，实行对账销号，确保问题整改质量。对执法督察发现的典型问题、重大问题以及其他具有警示价值的问题在毕节全市税务系统内进行统一公开通报，充分发挥通报

的规范、教育、警示作用，要求各地对照问题自查自纠，举一反三，不断规范税收执法行为。2022年1~10月，共下发问题通报1份，并对已通报问题整改情况开展"回头看"，确保通报问题整改到位。

3.围绕专项工作主题，适时彰显专题督查威力

2022年新的组合式税费支持政策出台以来，为确保增值税留抵退税工作稳步推进，毕节市税务局将"严查内错"贯穿于政策执行的全过程、全环节。一是退税减税工作领导小组下设督察督导职能组，并制定了绩效考评方案、领导分片包干督促指导机制、政策落实督察督办工作方案等制度，切实强化督察保障，发挥好领导小组"督进度、督质效、督风险防控"的重要作用，确保各项工作落地落实。二是督审部门联合货物与税务科、税收风险管理局等部门组成督察专业团队共6人，充实督察督办力量，共开展12期对新政策新知识的学习探讨，取长补短，做实做强督察督办工作，及时发现工作落实及政策执行过程中的疑点难点，为督察工作做好铺垫。三是针对税务人员错审怠审慢审等行为，督导团队从日常管理、执法常态、后续管理等环节细化了督察要点，充分发挥税收大数据的优势，运用好内控平台的各项指标，坚持实事求是，强化任务统筹，共组织实地督导10次，切实减轻基层负担，确保工作质效。四是督察内审部门形成"发现问题—分析问题—全面排查"的闭环式链条，有效防范慢作为、不作为、乱作为的执法风险，引导干部循规范、存敬畏、守底线。2022年1~10月，通过督导共发现各类执法问题6类230余个，追回不应退还的留抵税款1400万元，对60人次进行执法责任追究。此外，专题督查中还注重以案为鉴促规范，针对毕节市税务系统在虚假冲减留抵税额等方面存在的风险问题，发出《毕节税务督审风险提示》2期，针对工作中的风险点汇总整理上报省局内控建议4条，大大降低了留抵退税风险。

（二）加强督察内审组织队伍建设，夯实执法督审基础

1. 加强督审组织领导，打造督审"桥头堡"

毕节市税务局采取"一把手"亲自分管、亲自指导、靠前指挥，坚持重要工作亲自部署、重大问题亲自过问、重点环节亲自协调、重要案件亲自督办，建立"周调度跟踪、月小结提示、季通报约谈"工作机制，及时掌握工作进展情况，解决工作中存在的困难，层层压实责任，确保各项工作安排落地落实。2022 年 1~10 月，毕节市税务局共召开党委会、局长办公会、专题会议 8 次专题安排部署督察内审工作，明晰工作重点，指明工作方向。

2. 加强队伍建设，形成督审"主力军"

配齐配强督审专业队伍，专职督审干部由机构合并时的 10 人增加至 15 人，兼职督审干部由 6 人增加至 12 人，依托"提素质、强基础、抓落实、树形象"专项活动，开展督察内审专业技能培训 4 次，业务考试 2 次，实现以考促学；推出"师带徒""审代训"等模式，抽调毕节市各县区督审干部参与到层级督审、干部经济责任审计、专案执法督察工作中，在实战中练就过硬本领；组建督察内审人才库，组织递进式培训，打造数量充足、素质过硬的专业化督审铁军，毕节全市税务督察内审人才库的 16 人中，9 人取得律师执业资格证书，5 人在贵州全省税务系统"岗位大练兵、业务大比武"督察审计内控管理岗的比赛中获"2020 年全省税务系统岗位能手"称号，其中毕节市税务局吴红旭同志取得全省个人综合成绩第一名好成绩，获"2020 年全省税务系统专业骨干"称号。

（三）健全税务督审制度，保障执法规范有据

毕节市税务局通过修订《毕节市税务系统工作移交管理办法》

等行政管理制度 5 个、《国家税务总局毕节市税务局发票管理工作制度》等税收管理制度 6 个，扎紧制度笼子，建立长效机制，切实堵塞工作漏洞。以国家税务总局督审工作规范为"施工手册"，绘制督审"作战图"，制定毕节市税务系统 2019～2023 年督察审计规划，按"业务一条线要求"，全面梳理重点税种、重要业务工作清单，编写印发《国家税务总局毕节市税务局房地产业税收征收管理操作指引》《国家税务总局毕节市税务局土地增值税管理指引（试行）》等 14 个管理指引，明确工作规范流程和税收风险点，为开展执法督察提供了"范本"，确保督审工作有章可循、有据可依。同时，在专案执法督察、专项督察、上级下发疑点数据核查工作开展前认真分析研判，梳理制定检查要点，明确检查方式。2022 年 1～10 月，毕节市税务局共开展督审工作指导 42 次。

（四）严格追责到位，促进依法执法、审慎执法

毕节市税务局充分运用问责利器，在责任追究上敢于动真格讲实效，有力维护税收法制尊严，彰显税务督审权威，促使干部职工思想有触动、执法有规矩、工作上层次。毕节市税务局去虚务实的严肃追责做法，得到贵州省税务局的肯定。

1. 坚持精准定责，实现分类定责有准度

综合考虑过错问题性质、严重程度、后果影响等各方面情况，深入查找原因，分级分类处置，做到宽严相济、精准得当，提高责任追究精准性。例如，在追究税收优惠政策落实不到位的问题时，既追究税收管理员的直接责任，又延伸排查分局长是否存在"一岗双责"落实不力责任，防止责任追究浮在面上而没有触及问题根源。

2. 坚持严肃追责，做到严格追责有力度

对发现的执法过错严格进行责任追究，形成"逢错必纠，有错

必责"的税收执法考核常态，让全体干部做到心中有法、审慎执法。2022 年 1~10 月，毕节市税务局共追究税收执法过错责任 239 人次，其中，批评教育 206 人次，责令作出书面检查 21 人次，通报批评 4 人次，取消评选先进资格 4 人次，调离执法岗位 4 人次。

3. 坚持严管和厚爱结合，做到容纠并举有态度

毕节市税务局健全容错纠错机制，2022 年 1~10 月，共受理陈述申辩过错数 40 条，对 28 名干部的合理申辩进行采纳，不予追责，帮助干部职工克服"多干多错、不干不错"的心态，激励担当作为。同时，做好被追责干部的心理疏导。2022 年 1~10 月，共交心谈心 24 人，有效帮助被追责干部正确认识问题，放下思想包袱，端正工作态度，重塑工作信心。

三　充分借助税企互动平台等渠道拓展税务执法外部社会监督

毕节市税务局在强化税务行政执法内部系统监督的同时，还坚持内外并举，构建多元化社会监督渠道，通过税企互动平台、"12366"热线、设立执法监督联系点、建立"公职律师涉税咨询服务中心"等渠道不断拓展税务执法外部社会监督，主动接受社会监督，促进税务执法质量全面提升。

（一）借助税企互动平台、"12366"热线接受社会监督

1. 通过税企互动平台宣传税收新政、回复执法规范诉求

毕节市税务局通过税企互动平台宣传税收新政、回复执法规范诉求，增强纳税人缴费人便利度和获得感。截至 2022 年 10 月，毕节市税务系统税企互动平台企业激活数（企业注册登录数）达 49656 户，

激活率达 99.43%，其中一般纳税人激活数达 10653 户，激活率达 99.7%。毕节各级税务机关通过平台开展线上直播 180 余次，逾 5.2 万人次收看，有效帮助纳税人掌握各项税收新政，让纳税人足不出户即可得到税费辅导；向纳税人发送各类信息近 900 条，发送纳税人逾 210 万户次，有效降低了纳税人负担；通过平台"智慧宝"智能问答及时回复纳税人涉税咨询和执法规范诉求，"智慧宝"上线 30 天内，纳税人访问量达到 232 人次，智能回复用户提问 146 个，问题匹配率 96.29%，解决率达 99.31%，满意度 98.66%。

2. 通过"12366"热线监督税务执法

毕节市税务局有 4 台电话接线，座席 4 名。其中满 4 年工作年限座席 1 名，满 3 年工作年限座席 1 名，满 2 年工作年限座席 2 名。2022 年 1~10 月，毕节市税务局"12366"热线共接听电话 9435 次，其中申报类咨询 5102 次，政策类咨询 4333 次；申报类中申报处理工单 682 次，其中发票违章举报 449 次，税收违法行为举报 69 次，咨询 164 次。处理"12345"政务热线转办工单 11 次。毕节市税务局"12366"热线远程座席有效地处理了纳税人对税收工作的大量意见建议和疑难问题的咨询。

（二）设立执法监督联系点、聘请执法监督联络员，强化行政执法社会化监督

毕节市税务局建立行政执法社会监督员、行政执法监督联系点制度，进一步创新行政执法监督方式，拓宽社会力量参与税务行政执法监督渠道，打造法治化税收营商环境。2022 年 8 月，在贵州嘉禾华政税务师事务所设立毕节市税务局执法监督联系点，并聘请贵州嘉禾华政税务师事务所董事长为税务行政执法社会监督员。在税务师事务所设立执法监督联系点、聘请执法监督联络员，紧扣税务中介机构与税

收工作联系紧密并与纳税人联系紧密的特点，收集税务中介机构对税收执法工作的意见建议，可以进一步督促毕节税务系统规范执法行为。

（三）开展纳税人满意度大走访，广泛征集执法意见建议

结合营商环境评价工作，毕节市税务局主要领导及分管领导调研走访企业 160 余户次，选取了辖区内影响力较大、具有行业代表性的 15 户大企业代表开展了税企恳谈会，同时通过市局"12366"分中心对部分接受过行政处罚的单位进行电话回访，广泛征集纳税人缴费人意见建议，更好优化纳税服务，提升执法水平，推动毕节税务系统执法工作迈上新台阶。

（四）探索建立"公职律师涉税争议咨询服务中心（点）"，主动接受监督化解税费矛盾

2022 年 7 月，在威宁自治县开展试点，2022 年 10 月，在毕节全市税务系统全面推行"公职律师涉税争议咨询服务中心（点）"机制。在毕节市税务局法制科建立"公职律师涉税争议咨询服务中心"，在 10 个县（市、区）办税服务大厅建立了"公职律师涉税争议咨询服务点"，依托全市税务系统 28 名公职律师和 52 名通过法律职业资格考试的法律专业人才，为全市纳税人和缴费人提供税费咨询、纠纷调解、权益救济、税情收集服务，及时发现和纠正税收执法中存在的问题，实现小争议不出分局、大争议不出县局、税费矛盾就地化解。

四 毕节市税务局应用行政执法"三项制度"平台等载体创新行政执法监督的亮点与思考

毕节市税务局在开展行政执法协调监督工作体系建设试点工作过

程中，在接续行政执法"三项制度"工作的良好基础上，坚持平台驱动理念，强化科技驱动，探索"平台载体应用+内外监督并重"的税务行政执法监督工作机制，形成互联互通的信息化监督税务执法工作的体系和机制，进一步促进税务执法监督的法治化、规范化、信息化有机融合。

（一）互联互通的信息化平台监督：毕节市税务局创新行政执法监督的突出亮点

1.互联互通让数据"多跑路"

税务执法全过程记录平台与金税三期、电子税务局等系统打通链接，实现数据的实时抓取与推送，整合了数据流、工作流、影像流，形成了流水线作业，环环相扣，解决了执法数据自动采集分析难的问题。税务行政执法信息公示平台与金税三期系统互联互通，通过自动抓取、自动推送、自动公示的"三自动"机制，获取金税三期系统如行政处罚、行政许可相关业务的信息，纳税人还可通过该平台自主查询办税指南、权责清单、执法人员和行政许可清单等内容。

2.电子归档让查询"一户式"

税务执法全过程记录平台从金税三期系统实时抓取纳入执法全过程记录事项的工作流数据，执法人员佩戴执法记录仪进户执法，按执法全过程作业标准进行记录。执法结束后将采集到的照片、录像等信息通过采集工作站上传到服务器，在平台上进行电子档案管理并进行"一户式"存储。执法全过程记录平台提供按纳税人、按事项等分时段查询功能，减少纸质资料，以电子档案替代传统纸质档案，根据用户功能权限可以随时随地查阅，突破时空限制。

3.流程严密让审核"有章法"

将法制审核业务嵌入金税三期系统，在日常执法流程中增加法制审核节点，实现非经法制审核或法制审核未通过的流程阻断功能。比如执法人员在作出达到一定标准的重大税务处罚决定前，未提请法制审核将无法推送分管领导审批决定。执法人通过金税三期系统填写《重大执法决定法制审核提请表》，法制机构审核岗位人员审核通过后，填制电子化的《重大执法决定法制审核意见书》推送至提请部门，审核业务节点设计简便易操作，提高了审核效率。

4. 数据分析让查处"有线索"

毕节市税务局推行通过大数据分析办案。黔西某汽车物流有限公司通过虚增进项税额、进行虚假申报等手段，骗取留抵退税 105.53 万元。毕节市税务局稽查局根据税收大数据分析线索，对该公司骗取增值税留抵退税案开展调查，依法追缴该公司骗取的留抵退税款，并依据《中华人民共和国行政处罚法》《中华人民共和国税收征收管理法》相关规定，对该公司处以 1 倍罚款。该案例被国家税务总局作为典型案例，以"贵州省毕节市税务部门依法查处一起骗取留抵退税案件"为题，发布在国家税务总局官网。

（二）从信息化到数字化再到智能化：关于深化税务执法监督的思考

1. 近期看仍然具有进一步提升税务执法监督信息化水平的较大空间

毕节市税务局依托行政执法"三项制度"平台、税务内控监督平台、税企互动平台等信息化平台载体，较好地形成了税务执法监督信息化机制。同时，也要看到将来的信息化提升还需在以下几方面加强。

一是继续通过"三项制度"平台强化全系统税务机关全面落实行政执法"三项制度"。针对个别税务机关落实行政执法"三项制度"不够到位、个别应提请重大执法决定法制审核的业务未按规定提请审核的情况，深入开展行政执法"三项制度"落实情况评估，进一步加大金税三期系统的全流程把控力度。在所有执法事项均通过金税三期系统全流程流转的基础上，重点加强对符合规定情形税务行政处罚决定、① 税收保全措施、税收强制执行、税款数额较大的税务行政征收决定、数额较大的延期缴纳税款申请的核准等五方面的法制审核信息流程把控。

二是继续加强对税务执法人员和执法监督人员的专业培训教育，提高执法质量和监督水平。税务执法质量提升的根本在于提升基层一线执法人员的执法素养和执法监督人员的执法监督素养。针对一些执法人员存在法治观念不够稳定、执法专业水平不一，尤其是在执法标准有"类案不同处"差异等情况下，需要在加强执法人员法治教育培训引导、增强法治理念的同时，还要在行政执法"三项制度"平台、税务内控监督平台等信息系统内对执法程序、环节、文书等进行严格把控。针对一些执法监督人员知识结构不全面、在信息化筛查执法风险指标编写方面存在知识欠缺，执法监督精准性、高效性有待进一步提升的情况，需要加强对执法监督人员的专业知识结构和执法监督技能的教育培训。

三是继续协助做好"三项制度"平台的营运维护。针对"三项制度"平台为上级部门统一开发，在运营维护方面存在一定滞后性而影响执法人员和执法监督人员使用的情况，及时向上级部门反馈相关问题和需求，提出"三项制度"信息化平台使用方面的完善建议，促进执法监督信息化质效进一步提升。

---

① 这些情形包括：（1）涉及重大公共利益；（2）直接关系当事人或者第三人重大权益，经过听证程序；（3）案件情况疑难复杂、涉及多个法律关系；（4）法律、法规规定的其他情形。

2. 远期看从信息化到数字化再到智能化是税务执法监督的必然之路

首先，要进一步提高政治站位，深刻认识强化税务执法监督的重要性。税收事业是党和国家事业的重要组成部分。税收征管效能是税务部门履行职能责任的基本保障，也是国家治理体系和治理能力现代化的重要内容。党的十八大以来，以习近平同志为核心的党中央高度重视税收工作，习近平总书记多次作出重要指示批示，强调要发挥税收在国家治理中的基础性、支柱性、保障性作用，为推动税收改革发展提供了根本遵循。习近平经济思想对新时代税收工作提出了新要求、指明了新方向。税务机关要坚持深入推进新时代税收现代化，坚持依法依规组织税费收入，坚持健全完善税务监管体系，坚持着力推进智慧税务建设。要坚持以人民为中心的发展思想，着力打造具有高集成功能、高安全性能、高应用效能的智慧税务，深入推进精细服务、精确执法、精准监管、精诚共治，让纳税人缴费人切实感受到办税缴费的便利度和税收执法的公信力。

其次，未来税务执法监督以至所有的行政执法监督都将走上从信息化到数字化再到智能化的路径。加强数字化、智能化建设是适应新一轮科技革命和产业变革趋势的必然要求。要及时跟进把握智慧监管、执法监督的数字化、智能化发展趋势和特点，全链条打通线上线下，将各个税务监管、税务执法数据信息端口连接起来，形成一体化的信息管理、信息处理体系，将一些传统的监管执法思维和监管执法手段难以解决好的问题，借助数字化、智能化将税务监管执法的颗粒度精细到一个群体、一个个体，突破税务监管执法中人力物力不足的困境。大力推行智慧税务监管和税务执法监督，充分运用数字技术支撑构建新型监管机制，加快建立全方位、多层次、立体化的监管体系，实现事前事中事后全链条全领域监管。加强税务监管事项清单数字化管理，进一步以新型监管技术提升税务监管智能化水平，充分运用非现场、物联感知、掌上移动、穿透式等数字化新型监管手段，提升税务监管精准化水平和高质量效能。

部门系统内行政执法监督指导情况
调研报告

习近平总书记在党的二十大报告中指出要扎实推进依法行政，强化行政执法监督机制和能力建设，严格落实行政执法责任制和责任追究制度，完善基层综合执法体制机制。我国地方人民政府所属部门存在双重领导关系，同时，系统内的上级部门对下级部门在业务上又具有指导关系，因此，上级业务主管部门对下级部门行政执法的指导、协调、监督，可以提升基层执法能力、规范执法行为、提升执法质效。毕节市在行政执法协调监督机制方面的探索正契时机。毕节市市级各部门积极落实市委、市政府关于行政执法协调监督改革试点的重大部署，成立部门领导小组，制定实施细则，创新工作方法，在指导监督下级部门及有关乡镇执法工作方面取得了显著成效，积累了一些可复制可推广的经验，可以为其他地区提供有益借鉴，以期共同促进基层法治建设。

一 强化制度建设，夯实实施机制

毕节市人民政府所属各部门及时制定开展行政执法协调监督工作

体系建设试点工作实施方案，包括总体目标，分解任务、提出具体措施，实施步骤，保障机制和工作要求等内容。在指导系统内行政执法协调监督方面，各部门主要开展以下工作。

（一）指导县区开展执法队伍管理

毕节市交通运输局成立的行政执法监督工作体系建设领导小组成员包括各县（自治县、市、区）交通运输局局长，并明确市交通运输综合行政执法支队、各县（自治县、市、区）交通运输局负责相关业务工作开展。市局加强行政执法主体资格管理，公布市县两级行政执法主体名单并动态调整。督促各县（自治县、市、区）交通运输部门落实毕节市行政执法辅助人员管理制度，明确行政执法辅助人员职责权限、聘用保障、监督管理、业务培训等内容，加强执法辅助人员规范管理，规范行政执法辅助人员行为。

以自然资源部门为例，该部门将根据所承担的职责任务和机构设置、人员编制等，加强同有关部门沟通协调，按要求配足配强政治素质高、业务能力强，具有法学、法律或政府法制工作经验的行政执法协调监督工作人员，确保各县（自治县、市、区）执法部门有专职人员从事行政执法监督工作。

（二）明确执法权限，防范权力滥用

以毕节市交通运输局为例，在《毕节市交通运输局关于开展行政执法协调监督工作体系建设试点工作实施方案》关于落细落实协调监督职责的规定中，明确：一是编制行政执法协调监督权责清单。依照法律、法规规定，根据"三定"方案及《贵州省行政执法监督办法》，结合实际，编制、公布行政执法协调监督权责清单，指导县交通运输行政执法监督机构编制、公布行政执法协调监督权责清单，并动态调整。二是明确行政执法监督机构工作职责。明确市、县两级的行政执法协调监督主体、职责、权限和依据等事项，并与权责清单保持动态一致。

毕节市教育局根据《贵州省实施的法律、行政法规、国务院决定设定行政许可事项清单》要求，理清职责，认领行政许可事项 6 项，并编制《市级政府部门实施的国家层面设定的行政许可事项清单（2022 年版）》，明确市县乡行政许可事项，确保权责清晰，切实履行行政执法权能。

毕节市自然资源与规划局制定下发了《毕节市自然资源和规划局办公室关于印发全面推行"双随机、一公开"监管工作方案的通知》，对照行政权力清单，按照法律法规规章规定的检查事项，建立随机抽查事项清单，明确抽查项目、抽查主体、抽查依据、抽查内容、检查人员等。结合部门实际，制定抽查工作实施细则及抽查工作计划，明确抽查名称、抽查事项、抽查对象、抽查比例、抽查期限和检查方式等内容。采取"列清单""适度查"等具体措施，有效防范监管部门对市场活动的过度干预，极大压缩监管部门与市场主体双向寻租空间，克服市场监管的"信息瓶颈"，拓宽了行政执法监督的覆盖面，提高了行政执法监督的工作效能，降低了"监管俘获"发生概率，有力纠正人情监管、选择执法、执法扰民、执法不公等。

（三）创新网格化管理指导

毕节市审计局为进一步推动全市审计系统工作整体提质增效，借鉴城市管理"网格化"思路，制定并执行《毕节市审计工作网格化管理办法（试行）》，对各县（自治县、市、区）审计局设置网格员、科室负责人及分管联系领导，明确要求联系领导每季度到联系县

（自治县、市、区）审计局现场调研、指导、督查工作不少于 1 次。自实施网格化管理以来，坚持以网格化管理季度报告为载体，紧扣全市审计业务和综合管理等工作实际状况，形成"定期复盘""回头看"工作机制，各项工作得到有效对接，审计质量同步提升。一方面，通过开展审计项目质量检查，深入县（自治县、市、区）指导审计人员等方式推动审计工作整体提升；另一方面，各县（自治县、市、区）审计人员在开展审计项目中遇到困难时，通过直接与网格员、科室负责人、分管联系领导对接，让问题在第一时间得到解决，促进各县（自治县、市、区）审计机关审计工作的有效开展，为推进全市审计质量全面提升打下基础。

（四）建立监督人才队伍

毕节市自然资源与规划局建立行政执法协调监督人才库，邀请有关协调及监督人才积极参与行政执法专项监督活动、行政执法案卷评查以及重大行政执法问题研究讨论，发挥行业优势，推动解决行政执法疑难重大问题，提升执法协同监督效能。

毕节市民政局制定民政部门行政执法社会监督员管理办法，邀请人大代表、政协委员、专家学者、新闻工作者、法律明白人等担任民政行政执法社会监督员，参与民政部门行政执法监督、专题调查研究等工作，协助民政部门开展行政执法协调监督工作。

毕节市民政局建立民政行政执法协调监督专家库，制定民政部门行政执法协调监督专家管理办法，组建以民政行政执法监督工作业务能手、人大代表、政协委员、专家学者、公职律师、执业律师等为成员的专家库，定期邀请参与民政部门行政执法专项监督活动、行政执法案卷评查以及重大行政执法问题研究讨论。

二 督导执法平台和人才建设，筑牢执法基础

（一）全面推进行政执法"三项制度"工作平台的推广应用工作

行政执法"三项制度"是党的十八大以来法治政府建设的重大改革举措，基层行政执法落实好"三项制度"是法治政府建设落到实处的关键环节，市级部门需要紧抓事先督导，推进行政执法"三项制度"得到有效实施，确保行政执法质效。

市自然资源与规划局主要从三个方面，督促指导县级自然资源主管部门狠抓落实行政执法"三项制度"。一是抓实三个环节，全面推动行政执法信息公开。在部门门户网站开辟行政执法信息公示专栏，按照事前、事中、事后公示三个环节，执法机构、审批机构及时公示相关执法信息，充分保障行政相对人和社会公众的知情权、参与权、表达权、监督权。二是抓牢装备配备，全面推行行政执法全过程记录。加大执法记录仪、无人机等执法装备的配发力度，加强全过程记录标准化评估建设，大幅提升执法记录仪操作使用的熟练和规范程度，对行政执法的启动、调查取证、审核决定、送达执行等全部过程进行记录，并全面系统归档保存，做到执法全过程留痕和可回溯管理，保证行政执法活动的合法性和有效性。三是突出法制审核，全面落实重大执法决定法制审核制度。指导县级自然资源主管部门强化法制审核人员配备；通过组织案卷评查的方式，检查本系统重大执法决定法制审核落实情况，避免法制审核走过场。

另外，以交通运输局为例，其依托贵州省司法云平台和贵州省行政执法"三项制度"工作平台，大力推进行政执法 App、执法监督

平台应用。运用大数据、云计算、人工智能、区块链等信息技术推进跨地区、跨部门执法信息互联互通、数据共享，以科技手段实现对执法活动的即时性、过程性、系统性监督。依托"互联网+监管"系统和"双随机、一公开"监管系统，构建对企业的分级分类监管体系，切实提高监管执法的精准性，最大限度减少对企业正常生产经营的干扰，为打造法治化营商环境提供保障。全面推进贵州省行政执法"三项制度"工作平台推广应用，在金沙县试点工作基础上，在全市推广应用该平台。试点工作结束前，实现重点执法部门常态化推广应用该平台。

（二）建立执法人员和监督人员培训管理制度

为配合实施行政执法和行政执法监督人员培训办法，各部门加强市县两级执法人员和监督人员执法培训，丰富培训方式。通过分级分类培训、网上培训、集体学习等方式，确保年度培训时长。通过模拟执法、观摩庭审、开展以案释法、组织案卷评查等方式，提升执法人员和执法监督人员实战能力。建立执法人员培训成效检验机制，促进培训成果转化。

截至 2022 年 11 月中旬，以市教育局为例，该局组织全市教育局系统开展行政执法主体资格的审核工作，分批次对 218 名行政执法人员（其中市教育局 12 名）行政执法资格证进行换领，全面清理、审核行政执法主体资格，并对外公开接受全社会监督。

市林业局积极组织全市林业系统行政执法人员、监督人员、法制审核人员参加省林业局举办的 2022 年林业行政执法人员大学习培训同步视频会，共设 10 个分会场，按照行政执法人员应训尽训原则，共 104 人参加培训，自行组织执法培训 1 次。该局有序推进行政执法监督证申领工作。该局有 2 人新申领行政执法监督证，积极参加市司法局举办的 2022 年度市直执法部门第一批行政执法监督证申领考试，均考试合格，且已完成在线网络学习，在司法云平台完成行政执法监督证申领工作。

市农业农村局先后组织市、县两级农业执法人员参加农业农村部、省农业农村厅举办的各类执法培训 90 余人次，成功举办全市农业综合行政执法培训 3 期，培训市县农业行政执法干部 181 人次。

市市场监管局为加快全市市场监管综合行政执法职能融合，加强行政执法队伍建设，举办了全市市场监管系统执法稽查业务培训班。各县（自治县、市、区）市场监管局（分局）执法大队负责人、执法骨干，各基层分局执法骨干，市局相关科室、综合行政执法支队执法人员等共计 140 余人次参加培训。

（三）编制执法手册和指导案例，统一执法标准

毕节市各部门探索编辑执法手册，落实行政执法案例指导制度，通过编撰执法手册和推荐、编撰、发布和运用行政执法典型案例，指导和规范行政执法裁量权的行使，促进严格规范公正文明执法。

改革试点开始后，毕节市金融办编制印发了《毕节市防范和处置非法集资行政执法应知应会工作手册》，为全省第一个编制印发防范和处置非法集资行政执法操作实务手册的市（州），为全市防范和处置非法集资行政执法工作提供了指引。一是行政执法更加系统。行政执法操作实务手册的编制，对毕节市非法集资行政执法工作具有指引和规范作用，实现非法集资行政执法更加规范化、法治化、专业化，确保做到执法更加系统、精准、有效。二是执法内容更加直观。行政执法操作实务手册从基本概念介绍、行政执法依据、行政执法制度建设以及行政执法工作流程等四个方面，详略得当地阐述了非法集资行政执法工作的基本工作流程，进一步明确了非法集资行政执法各

方工作职责、阐述了工作方法、理顺了工作思路。三是执法流程更加通畅。行政执法操作实务手册清晰呈现了执法各环节内容，方便执法人员迅速掌握执法要素及注意事项，同时，还附有非法集资行政执法工作流程图，图文并茂，具有极强的可操作性，使执法过程显得有序、流畅。毕节市金融办将以《毕节市防范和处置非法集资行政执法应知应会工作手册》为重点内容组织开展执法人员业务培训，在全市推广运用，助推处理非法集资行政执法规范开展。

根据《毕节市行政执法案例指导办法》各部门积极组织编写指导案例，强化以案释法。结合各县（自治县、市、区）上报的行政执法案例，认真编撰毕节市林业行政执法指导案例2个、典型案例5个，再经法律顾问审核上报司法局。上报的2个指导案例已被纳入《毕节市2022年度行政执法指导案例》，5个典型案例已在毕节试验区林业微信公众号上公布，充分发挥指导案例和典型案例示范、警示、指导作用，规范行政执法裁量权的行使，促进严格规范公正文明执法。

三 主动开展事中协调指导，整合执法力量
确保执法质效

（一）指导县区乡镇协同执法

市自然资源与规划局健全行政执法协同协作机制。配合做好乡镇（街道）行政执法观测点规范化建设。制定加强乡镇（街道）与县级行政执法部门协同协作的指导意见及加强综合行政执法部门与其他部门协调配合的指导意见，配合参与解决跨领域、跨部门存在的综合执法争议，确保行政执法协同协作有效落实。市自然资源与规划局先后

报请市人民政府印发《毕节市遏制违法用地违法建设行为工作机制》《关于加强违法用地和违法建设整治的意见》。从明确工作目标、规范用地流程、强化日常监管等方面，压紧压实县乡村三级巡查、制止、处置责任，确保对自然资源违法行为（特别是土地违法行为）做到及时发现、及时整治、及时处置。对存量违法建设，明确整治重点，提出利用三年时间逐步消化存量，同时，持续巩固整治成果，健全长效防控机制，实现"零容忍"监管常态化。

（二）指导区县协调执法、协作配合

市水务局召集七星关区水务局和大方县水务局召开建立健全水行政执法协作配合机制的研讨座谈交流会，针对目前大方县托管乡（镇、街道）的水行政执法工作，结合当前行政审批执法改革工作实际，通过友好协商，制定了《大方县托管乡（镇、街道）行政执法工作协作配合机制》并实施。

（三）成立工作组下县区指导具体工作

以市市场监管局为例，自 2022 年 9 月 1 日贵阳疫情突发以来，毕节市市场监管局认真贯彻落实省、市疫情防控要求，立即启动应急响应，全局干部职工迅速进入"战时"状态，并及时印发《毕节市市场监管局关于切实抓好近期市场监管领域疫情防控工作的紧急通知》，要求全市各级市场监管部门立即行动起来，拧成一股绳、形成一盘棋，坚决守住疫情防控底线，严把市场监管领域"大门"。同时，毕节市市场监管局抽调精兵强将成立由副县级及以上领导干部带队的工作组分赴各县（自治县、市、区）开展疫情防控督导检查。

一方面督查稳物价。一是针对肉、蛋、粮油、蔬菜等重点民生商品价格开展督导检查，确保与百姓生活密切相关的必需品价格稳定。二是及时处置群众反映价格上涨类投诉举报，以最快速度维护群众权益。三是组织各级市场监管部门通过微信、政府门户网站、广播向商家发放《关于疫情防控期间规范市场价格行为的提醒告诫函》，通过微信公众号发布价格违法典型案例，督促市场主体加强价格自律，从源头上减少违法行为发生。

另一方面开展市场检查。一是全市市场监管系统执法人员深入市场、学校、养老机构等地开展疫情防控检查，确保市场主体落实做好扫码、测温、戴口罩、一米线距离和场所消毒等疫情防控措施。针对不履行疫情防控要求、多次提醒仍不整改的，将按照有关要求采取停业整顿等措施。二是保障食品、药品、医疗器械等物资充足、价格稳定、产品质量安全，筑牢疫情防控防线，全力保障人民群众的身体健康和生命安全。

（四）及时分享先进经验，指导县区提升执法水平

1. 市税务局指导县区税务局建立"公职律师涉税争议咨询服务中心"

2022 年 7 月，在威宁开展试点，制定《国家税务总局毕节市税务局公职律师涉税争议咨询服务中心实施方案》及《国家税务总局毕节市税务局公职律师涉税争议咨询服务中心工作规则》等，10 月在全市税务系统全面推行，在市局（法制科）建立"公职律师涉税争议咨询服务中心"，在 10 个县（自治县、市、区）办税服务大厅建立了"公职律师涉税争议咨询服务中心"，依托全市税务系统 28 名公职律师和 52 名通过法律职业资格考试的法律专业人才，为全市纳税人和缴费人提供税费咨询、纠纷调解、权益救济、税情收集服务，及时发现和纠正税收执法中存在的问题，实现小争议不出分局、大争议不出县局，税费矛盾就地化解。

2.毕节市交通运输局指导区县开展治超工作

毕节市政府对毕节市货车非法改装和超限超载治理领导小组进行调整和充实后，将领导小组办公室设在市交通运输局。市交通运输局多次召开会议专题研究治超工作，并督促各县（自治县、市、区）政府、交通运输主管部门比照市级成立相应的领导机构，制定工作方案，进一步强化主体责任的落实。通过努力，目前毕节市超限超载治理工作上了一个新台阶，相比以前有了较大改观。

（1）指导县区积极探索、总结经验

金沙县通过紧盯源头端、运输端、监管端、服务端的方式，全县矿产品运输超限治理和税收共治工作取得阶段性的成绩。从煤炭生产、销售、运输全链条过程对税收共治和超限治理精准施策，取得较好经济和社会效益。他们建立税费监管平台，将源头企业、税务局、交通运输局验票点的销售、查询、验票终端接入监管平台，将运输车辆从装货、开票到出厂全过程纳入实时监控，同时相关信息传输至县矿产品税费监控中心和县税务局，超载车辆一律不放行出厂，从源头上遏制住了超限超载运输。

织金县委高度重视超限超载治理工作，组织召开了全县治超工作启动会议，明确工商、安监、国土、交通、公安交警、城管等部门职能职责，在全县范围内开展货车非法超限超载治理工作。从交通、特警、交警、公路段等单位和部门抽调相关执法人员，开展交通运输执法和流动治超工作。启动西湖、青山超限检测站，派驻交通、公安交管人员进驻超限检测站开展超限运输治理执法工作，按照统一认定的车辆装载标准实行严格的路面管控，较好地制止了超限超载运输和偷逃税费，得到了政府领导的认可。通过前期西湖、青山超限检测站运行试点，截至2022年底在全县各交通节点乡镇新建和改建12个超限检测站点（已通过省交通运输厅审核，报省政府批准），织牢超限超载运输治理的网络，从运输流通环节遏制住违法超限超载运输行为。

（2）获得市委、市政府肯定

市委、市政府相关领导要求切实做好在全市范围内推广金沙县矿产品运输超限治理、税收共治工作经验和织金县把控全县网格管理超限治理、提高财政税收工作效率模式。

（3）协调市级部门、指导县区推广经验

截至 2022 年底，市交通管理局按照市领导要求，积极开展行政执法协调监督工作体系建设试点工作，比照金沙、织金两县治超模式，总结经验协调相关部门共同在全市范围内开展源头企业超限治理推进工作。以后超限超载运输治理要从源头企业控制和路面执法相结合来开展。这种源头管控模式要在政府指导下，通过部门协调联动，在各主管部门管辖的矿山、营销企业、物流园区等源头企业施行，并作为超限超载运输治理和税控工作的长期努力方向。

四　开展事后督导评查，及时查摆整改

各部门积极落实市委、市政府制定的行政执法事后监督机制，普遍建立起行政执法情况专项说明制度、投诉举报处理制度、执法跟踪回访制度、专项监督制度等。

（一）自然资源与规划局事后督导评查制度探索

自然资源与规划局探索建立行政执法情况专项说明制度，出现行政执法不作为、乱作为情形的，如依法负有行政处罚、行政许可等执法职责但在 1 年内没有作出行政处罚、行政许可等执法行为的，或者行政复议和行政诉讼中案件量大、行政错案集中的行政执法机关，需向本级人民政府说明情况及其原因。

自然资源与规划局制定行政执法机关处理投诉举报具体办法规定。配合健全完善行政执法监督投诉举报制度，细化投诉举报事项办理程序，听取群众对行政执法工作的意见建议。定期配合对行政执法监督机构受理办理的投诉举报情况进行收集统计，推进投诉举报事项及时有效办理，对投诉举报事项进行定期分析，研判行政执法工作中存在的问题并研究解决，进一步完善行政执法监督投诉举报处理制度。

自然资源与规划局建立行政执法跟踪回访制度。配合制定行政执法案件跟踪回访制度，制度实施后严格落实，对受到行政处罚的当事人进行跟踪回访，采取实地、电话访谈等方式，了解行政执法行为是否合法公正以及办案人员在执法过程中是否规范、文明，督促执法机关谨慎行使执法权，加强自我约束。

自然资源与规划局行政执法专项监督。对关系群众切身利益、人民群众反映强烈、行政执法问题较为突出的执法领域，配合开展探索行政执法专项监督方式、内容和结果运用，切实发挥专项监督的作用。

（二）市林业局等部门的案卷评查实践

市林业局组成执法监督小组赴全市 9 个县（市、区）对 2021 年 3 月 1 日至 2022 年 2 月 28 日办理结案的林业行政处罚、行政许可案卷进行案卷评查。现场为办案人员解答行政执法过程中遇到的事实认定和相关法律问题；对查看案卷过程中发现的执法人员主体资格不合法、程序不合法、权利义务告知不当、执法时限超期等问题，当场向各相关县（市、区）林业局进行了反馈，要求其及时整改，并报送整改情况。

市水利局按照省水利厅和市司法局的要求，定期开展行政执法案卷评查，严格执行毕节行政执法案卷评查标准，2022 年开展 8 个县（市、区）案卷交叉评查 1 次，评查案卷 10 件，全部合格，在案卷评查结束后召开了座谈会，交流讨论了在水行政执法案件办理过程中的重点、难点、堵点。通过案件交叉评查，进一步提高了执法人员的执法水平和案件办理能力，提升了行政执法案卷评查的质效。

全市生态环境系统参加省厅组织的环境"大练兵"工作，通过对全体执法人员进行业务、法律法规培训，对行政执法、行政审批工作进行案件评查，共计评查 23 件行政处罚、行政审批案件。

（三）市生态环境局的稽查与约谈机制

市生态环境局采取稽查与约谈相结合，确保执法监督工作取得新成效。对分局 2018 年以来行政处罚案件建立台账，采取自查与抽查方式对行政执法、行政审批工作开展案卷评查；对七星关区、织金、纳雍分局行政执法工作开展稽查，对发现环保执法中存在不严肃的问题，适用法律法规错误、证据不准确，处罚程序上存在瑕疵等行政处罚案件下达稽查整改通知书。局党委对个别县（市、区）环保执法存在问题高度重视，采取约谈分局党组集体的方式开展行政执法监督工作。被约谈分局党组表态将在下一步工作中，按照制定整改方案积极完成整改工作，深入贯彻落实习近平生态文明思想，全面从严治党，依法履行党组织的主体责任，认真执行《行政处罚法》等行政法规，加强干部的学习培训、教育管理，切实做到依法执法、严格执法、公正执法，确保类似问题不再发生，行政执法监督工作取得了良好的效果。

健全行政审批、监管、处罚衔接机制

相对集中行政许可权改革和综合行政执法体制改革是深化行政执法体制改革、推进简政放权的重要内容，也是建设法治政府的重要方面。党的十八届三中全会通过的《关于全面深化改革若干重大问题的决定》提出"深化行政执法体制改革"和"深化行政审批制度改革"的目标任务；党的十八届四中全会通过的《关于全面推进依法治国若干重大问题的决定》和国务院《法治政府建设实施纲要（2015—2020 年）》明确将"推行综合执法，大幅减少市县两级政府执法队伍种类，在领域内推进综合执法，有条件的领域可以推行跨部门综合执法"等作为综合行政执法体制的改革途径。在国家治理体系和治理能力现代化建设的背景下，随着相对集中行政审批改革和综合行政执法体制改革的持续推进，政府公共管理服务体系逐渐从分散化走向综合化，以克服原有公共管理模式下服务裂解性和功能碎片化的问题，以及长期存在的重复执法、交叉执法或者执法空白的难题，推动建立充分体现包容性和整合性的整体政府组织运作模式，优化行政管理体制、提高政府行政效能。

新形势下，新的公共管理服务体系和理念，对行政审批、监管、处罚等行政执法各环节之间的协同衔接水平提出了更高的要求。根据司法部办公厅《关于开展省市县乡四级行政执法协调监督工作体系建设试点工作的通知》① 和贵州省司法厅《关于在毕节市开展行政执法协调监督工作体系建设试点工作的通知》要求，规范行政审批、监管、处罚等执法行为之间相互衔接机制，是本轮行政执法协调监督工作体系建设试点的重点任务之一。毕节市文化广电旅游局（以下简称毕节市文广局）按照中央、省有关规定，根据毕节市统一安排，聚焦行政审批、监管和处罚衔接机制建设，以"同城一支队伍"改革等为抓手，着力推动行政审批单位、监管单位、执法单位多方共同发力，协同推动毕节市文化广电旅游行业健康有序发展，其做法经验具有借鉴意义。

一　开展行政审批、行政监管、行政处罚等执法 行为衔接工作试点的背景

传统的政府结构和行政管理方式在当代面临着艰巨的挑战。在国家治理体系和治理能力现代化建设的语境下，需要着力克服部门式审批、监管、执法体制所导致的行业准入过程、日常巡查监管过程和行政执法过程碎片化的问题，有效解决碎片政府下部门审批和执法体制的弊端，建立超越或者打通层级部门壁垒、能够为公众提供整合性公共服务的行政管理模式。②

行政审批、行政监管、行政处罚等是相互独立而关联的行政行为，三者及其良性互动是有效推动相对集中行政许可权改革和综合行政执法体制改革向纵深发展的关键。为充分理解行政审批、监管、处

---

① 司办通〔2021〕84号。

② 骆梅英：《行政审批制度改革：从碎片政府到整体政府》，《中国行政管理》2013年第5期，第21~25页。

罚环节之间既分离又协同的关系，有必要对三者的概念进行厘清。行政审批是指国家行政机关根据相对人的申请，依法以办理特定证照等方式，准许相对人行使某种权利，获得从事某种活动资格的具体行政行为。① 行政监管作为行政用语，在学术界缺乏精确定义。广义上，行政审批、行政处罚分别作为事前、事后行为，也属于行政监管的范畴；但一般意义上的行政监管仅指行政机关采用事后监督等方式进行的日常监督管理，这一定义强调监管的日常性，因而不包括行政审批、行政处罚。行政处罚则是指行政机关依法对违反行政管理秩序的公民、法人或者其他组织，以减损权益或者增加义务的方式予以惩戒的行为。长期以来，行政审批、监管、处罚等执法行为之间存在的不协调、不配套的问题十分突出，不同环节的行政行为由不同的行政管理部门实施，导致标准不一、方式不一、结果不一，重复监管、重复执法等问题普遍存在。这种"条块分割"的制度设计还造成了"信息孤岛"现象，削弱了行政审批制度改革和综合行政执法体制改革效果的发挥。

以毕节市文广局为例，根据《毕节市文化广电旅游局权力清单和责任清单目录（2021年版）》②，该局依据《中华人民共和国文物保护法》《广播电视管理条例》等法律法规承担与文物修缮、保护、博物馆管理、广播电视站设立等相关的行政审批和服务事项21项，其中行政许可12项、行政确认1项、其他行政权力5项、公共服务3项；依据《广播电视管理条例》《娱乐场所管理条例》《旅行社条例》《公共文化体育设施条例》等法律法规承担行政处罚事项159

---

① 王连昌、马怀德主编《行政法学》，中国政法大学出版社，1999，第16页。

② 《毕节市文化广电旅游局权力清单和责任清单目录（2021年版）》，毕节市人民政府网站，https://www.bijie.gov.cn/bm/bjswhgdlyj/zwgk/qzqd/202112/t20211224_74747544.html，最后访问时间：2022年11月26日。

项。从其职能职责来看，毕节市文广局行政执法职责涉及文化、文物、出版、广播电视、电影、体育、旅游等多个领域，承担大量行政处罚事项，其审批及监管权限均由其他业务主管部门行使。因此，如何加强行政审批、监管、处罚等行政执法环节的衔接，确保各环节行政行为尺度、标准等方面的一致性和协调性，避免重复执法、交叉执法、执法空白，打通部门间的信息壁垒，强化行政管理各环节协同治理，成为毕节市优化行政执法体制机制中无法回避的问题。

二 毕节市文广局推进行政审批、监管、处罚等执法行为之间衔接工作的举措与成效

（一）流程再造：打通关键节点，推动协同衔接从"小综合"向"大综合"纵深发展

审批、监管、处罚等执法行为协同衔接流程的再造和创新，是打通跨部门、跨领域协作堵点，强化行政审批、监管、处罚等执法行为之间衔接的核心，也是在实践中不断探索深化的过程。

根据中共中央宣传部、文化和旅游部、国家广播电视总局、国家文物局《关于进一步完善文化市场综合执法运行机制的通知》① 要求，各地应明确本行政区划内各级文化市场综合执法队伍承担文化、文物、新闻出版、版权、电影、广播电视、旅游市场行政执法职责，《文化市场综合行政执法事项指导目录》范围内的执法事项以文化旅游主管部门名义实施，目录范围外的事项，有关主管部门可委托综合执法队伍办理。立基于此，毕节市按照行政执法协调监督工作

---

① 文旅综执发〔2021〕6 号。

建设试点的统一部署，由毕节市文广局牵头，以"职责明确、信息互通、协同高效、行为规范、监督有效"为目标，通过信息资源互享、协调会商、执法协助、案件移送等方式，推动协同联动机制构建。

一是聚焦职能定位，建立健全权责明晰机制。毕节市文广局由具体负责审批业务的科室每年负责制定权责清单，明确审批事项，优化审批条件；同时按照"谁审批谁负责、谁监管谁负责"的原则，依法履行文广旅游领域行政许可事项实施活动的全过程监督管理职责。依法对被许可人的行为进行监督，对未经许可擅自从事相关活动的行为进行监管；由具体负责审批业务的科室、市场管理科等对负责行政审批服务窗口的行政审批、市文化市场综合行政执法单位行政处罚等行政行为实施监管；行政执法监督机构对依法行政工作进行监督。

根据中央相关文件要求，以市文广局行政管理部门的名义，依法开展七星关区、毕节市高新技术开发区行政执法工作，行使文化、文物、出版、广播电视、电影、旅游等领域行政处罚以及与行政处罚相关的行政检查、行政强制等职责，接受有关行政部门委托开展相关领域行政处罚，依法执行处罚决定，配合或协调有关部门参与或统筹开展多部门联合执法。

二是聚焦行政审批，建立健全审批线索通报机制。针对行政审批服务窗口在行政许可过程中，发现被许可人以欺骗、贿赂等不正当手段取得行政许可行为，发现公民、法人或者其他组织未经行政许可擅自从事相关活动行为的协同调查、处理方式作出规定；对行政服务窗口依法变更、撤回、撤销、注销行政许可决定和日常评价机制中发现的相关情况、信息的通报共享作出规定。

三是聚焦行政监管，建立健全监管信息互动机制。市文化广电旅游行政管理部门在日常监督、监督抽检、风险检测、巡查检查、投诉举报处理中，发现被准予的行政许可不符合法定条件、生产经营单位存在违法违规行为的，通过责令行政审批服务窗口整改、及时将线索移送综合行政执法单位查处等方式，实现日常监管与行政审批、行政处罚等执法行为之间的有效互动。

四是聚焦行政处罚，建立健全处罚信息互通机制。根据中共中央宣传部等四部委关于"建立文化市场综合执法案件转移函制度"和"执法信息共享制度"等要求，建立联席会议、会商机制和日常执法检查中的常态化信息共享机制。对综合行政执法单位在执法检查过程中发现的生产经营单位未申请相关行政许可或者不符合申请行政许可时的条件和要求的，由行政执法单位责令限期改正或者进行相应处理，同时将相关线索移交市文化广电旅游行政管理部门进行调查处理，由行政审批服务窗口具体配合。

此外，推动"双随机、一公开"监管、跨部门联合监管、专项执法、跨部门联合执法等方式加大监管和违法行为查处力度。结合重要时间节点，由毕节市文广局与市委宣传部、市场监督管理局、公安部门等开展跨部门联合执法行动，减少重复检查，切实推进"双随机、一公开"监管、跨部门联合监管常态化；针对"黑网吧"、无证歌舞娱乐场所、"黑旅行社"、"黑导游"等重点执法领域和问题开展专项执法、联合执法，有力震慑文化旅游市场违法违规行为。

（二）职能重塑：依托队伍改革，强化综合执法凝聚工作合力

为落实文化市场综合行政执法"同城一支队伍、减少执法层级"的要求，根据中共、省委、省司法厅与省文化和旅游厅工作要求，2021 年 1 月 15 日，中共毕节市委办公室、毕节市人民政府办公室印发《毕节市文化市场综合行政执法"同城一支队伍"改革工作实施方案》①，整合毕节市和七星关区文化市场执法职能和执法队伍，减少执法层级，解决多头多层重复执法问题。根据方案要求，七星关区文化市场综合行政执法大队撤销，其编制、人员、经费整体划入市文化市场综合行政执法支队，由市文化市场综合行政执法支队负责七星关区文化市场综合行政执法，同时将市文化市场综合行政执法支队执法区域扩展到金海湖新区，实现全市文化市场执法监管全覆盖。

执法方式方面，市文化市场综合行政执法支队具体执法工作分别根据市级相应行政管理部门委托授权，以委托授权部门名义实施。人员安置方面，按照"编随事走、人随编走"的原则和上级文件要求，分别按照七星关区文化市场综合行政执法大队和市文化市场综合行政执法支队不同性质确定人员编制。经费划转方面，涉及七星关区划转人员的相关经费按规定相应上划，核定的上划基数由七星关区人民政府盖章确认，送市财政局作为结算依据。组织保障方面，成立毕节市文化市场综合行政执法"同城一支队伍"改革工作领导小组，由市委常委、市政府常务副市长任组长，市委、市政府和相关职能部门负责同志任成员，下设办公室在毕节市文广局，负责推进具体改革事项、上报相关信息等日常事务。

2021年3月8日，中共毕节市委机构编制委员会办公室以《关于调整毕节市文化市场综合行政执法支队机构编制事项的批复》②，同意撤销毕节市七星关区文化市场综合行政执法大队，将其职责、编制划入毕节市文化市场综合行政执法支队，将原七星关区文化市场综合行政执法大队承担的其辖区内文化、文物、出版、广播电视、电

---

① 毕委办字〔2021〕3号。
② 毕市机编办〔2021〕27号。

影、体育、旅游市场的行政执法职责划入市文化市场综合行政执法支队，确定毕节金海湖新区文化、文物、出版、广播电视、电影、体育、旅游市场行政执法职责由市文化市场综合行政执法支队承担。

目前的毕节市文化市场综合行政执法支队隶属于毕节市文广局，核定事业编制 48 名，设支队长 1 名、副支队长 3 名，设内设机构 7 个、派出机构 2 个。主要职责包括指导、协调、监督县（自治县、市、区）文化和旅游市场行政执法工作；以行业主管部门的名义，依法开展执法工作，行使文化、文物、出版、广播电视、电影、体育、旅游等领域行政处罚以及与行政处罚相关的行政检查、行政强制等职责；依法执行处罚决定；配合和协调有关部门，参加或统筹多部门联合执法等（见图 1）。

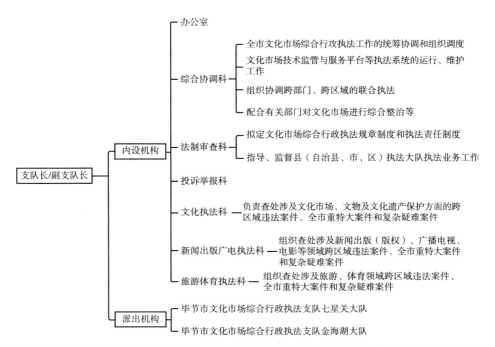

图 1　毕节市文化市场综合行政执法支队机构设置及部分主要职能

在本轮试点工作中，毕节市在"同城一支队伍"改革成果的基础上，进一步整合队伍、凝聚合力。随着"同城一支队伍"改革的推进，逐步实现了从"条线化"到"网格化"管理的转变，解决了线下文化市场管理由原来的综合执法多个业务部门到同一个场所、区域重复执法的问题。截至 2022 年底，未发生因毕节市文化市场综合行政执法支队引发的行政复议或者行政诉讼案件，有效维护了毕节市文化市场秩序和环境。

（三）技术革新：强化行政执法工作信息化建设，推动技术赋能、数字赋能

依托贵州省司法云平台和贵州省行政执法"三项制度"工作平台，推进行政执法 App、执法监督平台应用，逐步推进跨地区、跨部门执法信息互联互通、数据共享。依托"互联网+监管"系统和"双随机、一公开"监管系统，持续提高监管执法的精准性。探索推动"文化旅游+大数据"深度融合发展，推进全域智慧旅游服务平台、"一码游贵州"等项目落地实施，截至 2022 年 4 月，已基本实现全市国家 4A 级及以上旅游景区核心区域 5G 网络全覆盖，其中，百里杜鹃、织金洞、九洞天等景区建设智慧旅游景区管理中心，实现智慧监管、智慧票务、智慧游览等"旅游+大数据""监管+大数据"融合发展。

（四）机制创新：出台规范性文件，为协同衔接提供支撑保障

根据毕节市开展行政执法协调监督工作体系建设试点工作部署，2022 年 7 月 11 日，毕节市文广局制定《毕节市文化广电旅游局贯彻落实毕节市行政执法协调监督工作体系建设试点任务的工作方案》，

提出"建立健全规范行政审批、监管、处罚等执法行为之间相互衔接机制"的工作要求，从制定审、管、罚衔接管理办法，明确职责、范围、内容和责任事项，健全行政执法与刑事司法衔接机制等角度作出规定。

2022年10月18日，毕节市全面推进依法行政工作领导小组办公室印发《关于加强综合行政执法部门与业务主管部门行政执法协作配合工作机制的意见》《关于加强乡镇（街道）与县级行政执法部门行政执法案件移送及协调协作工作的指导意见》，分别为进一步完善综合行政执法部门与业务部门行政执法协作配合工作、加强乡镇（街道）与县级行政执法部门行政执法案件移送及协调协作工作提供指导。《关于加强综合行政执法部门与业务主管部门行政执法协作配合工作机制的意见》对进一步明确职责权限、加强执法配合协作、加强执法协调监督三项工作任务作出规定，在加强执法配合协作方面，通过建立信息资源互享、协调会商、执法协助机制，强化业务主管部门和综合行政执法部门的协同，避免出现法律和政策执行的盲区。《关于加强乡镇（街道）与县级行政执法部门行政执法案件移送及协调协作工作的指导意见》则着眼于乡镇（街道）与县级行政执法部门的协作配合，通过建立健全案件移送制度、相互告知制度、联合执法制度、执法协助制度和信息共享制度，加强业务指导工作等方式，将执法力量和资源进一步有效延伸到基层。两项意见作为毕节市强化行政审批、监管、处罚等行政执法行为衔接的配套措施，既因应了中央、省有关要求及市行政执法监督试点工作的要求，又充分回应了毕节市的实际，成为建立健全"横到边、纵到底"的有效协同衔接机制的制度保障。

以此为依据，2022年10月20日，毕节市文广局制定《毕节市文化广电局行政审批、监管、处罚等执法行为之间相互衔接机制》，从明晰权责、审批线索通报、监管信息互动、处罚信息互通四个方面作出细化规定。

三 "条块结合"探索：进一步提升行政审批、监管、处罚衔接效能的经验与启示

本轮行政执法协调监督试点工作启动以来，特别是"同城一支队伍"改革以后，行政审批、监管、处罚等行政执法行为之间的协调衔接工作取得一定成效。一方面，在由部门之间的综合协作走向单位之间的综合协作、由相同领域相同环节之间的综合协作走向跨领域跨环节之间的综合协作的"大综合"情境下，围绕市场主体设立、经营的各环节全过程，通过审批权、监督权、处罚权的有效协调和相互制约，打通事前事中事后监管的各个环节，进一步提高监管质效。另一方面，通过"同城一支队伍"改革，文化市场执法资源得到整合，通过综合执法管理系统指挥调度，执法力量分配更加合理有效。执法权限划转，改变了以往多个执法部门对同一市场主体进行不同条线执法检查的状况，变"条线管理"为"网格管理"，减轻了企业负担和成本。

在政府治理体系中，行政审批、监管、执法是密切关联的，既相对分离又相互制约、相互促进。综合行政执法体制改革后，行政审批和行政执法职责相对集中，相当于处在监管的最前沿和最末梢，行业主管部门的监管职责更加突出，监管难度加大。因此，要主动适应新形势、新任务、新挑战，转变思想观念，创新方式方法，建立审批、监管、执法衔接机制，加快构建橄榄形政府治理结构。行政执法权的配置与一个国家的行政管理体制相适应，确立"集中执法＋部门协同"的执法权配置模式是正确的选择。综合执法权的配置需要在合

法性原则、整体性原则、集权与分权相结合原则的指导下，由"小综合"向"大综合"逐步推进。随着实践的不断深入，推动从"审管罚分离"向"审管罚协同"转变，通过明确权责边界、健全会商机制、打通信息壁垒、强化协同机制等方式，推动行政审批、行政监管、行政处罚等执法行为之间形成完整链条和良性互动，更好地发挥政府职能，维护市场有序发展，可以从以下方面进一步建立健全行政审、管、罚协调衔接机制。

（一）前提条件：进一步明晰职权界限

明确审批、监管、执法的职责边界，构建科学合理的职责体系，是构建审批、监管、执法协调联动工作体系的前提条件。

1. 从制度上进一步明确综合执法职责边界和权限范围

建立审批、执行、监督三种权力相互分离基础上的执法权相对集中模式，通过制度厘清职责划转的边界，明确综合行政执法与相关职能部门间的责任和边界，通过建立健全权责清单，避免职责交叉、避免执法机构因管理事项过于宽泛而力不从心。在"集中"时，要综合考虑专业性、技术性、垂直管理或专属执法事项等因素。从制度上进一步明确执法边界和权限范围，避免分散执法、避免"贪大求全"，有序有目的地推进执法改革。

2. 进一步理顺行政审、管、罚之间的关系

一是从制度上明确审、管、罚等各部门之间的职责界定，行政管理部门负责执法的协调、指导和监督，综合执法机构负责配合、响应和支持。审批部门突出"事前把关"，依法履行有关行政审批职责并及时将审批结果抄告行业主管部门；执法部门抓好"事后查处"，综合执法部门依法履行划转事项的线索承办、立案查处等工作职责，及时将处理结果抄告行业主管部门；监管部门强化"前后联动"。按照

"谁主管，谁监管"的原则，行业主管部门应落实行业监管主体责任，依法履行政策制定、协调指导、业务培训、日常巡查、法律法规宣传、行业监督管理等职责。在实践中，进一步打通信息壁垒，持续强化日常信息互通共享，强化联席会议、会商机制运用，建立信息互通共享的长效机制。进一步加强联合执法、联合研判、联合监管，持续强化日常巡查和抽查，遇到需要行使与相对集中行政处罚权相关的行政监督检查权和行政强制权时，应当取得综合行政执法机构的配合，解决"管得着"与"看得见"的关系。二是着力科学化解综合执法"局部综合"与"条线大背景"之间的矛盾冲突。进一步厘清综合执法与专业部门日常管理之间的边界，提升执法协同化、一体化、系统化水平。通过持续优化的内部监管执法流程和职能配合，面对可能出现的执法突发事件和矛盾激化事件，建立与具有整合利益、危机公关、舆论宣传等制度功能相配套的工作机制，进一步提升监管执法制度的自适性、危机自处理和自我修复能力。

3.进一步建立健全执法协作机制

执法工作具有高度的协调性、联动性，这意味着不仅内部不同条线、管理区块之间需要协调，不同部门、区域之间也需要协调。在整体性理论语境下，发挥协调与整合的核心作用，完善横向、纵向综合协调机制，有必要持续健全各部门之间在制度标准制定、信息共享、联合执法、重大问题研讨处理等领域的合作联动互通机制。

（二）关键要素：进一步推进综合执法信息化建设

依托"互联网+"完善信息共享平台，实现信息资源的互联互通，是构建审批、监管、执法协调联动工作体系的关键要素。利用先进的信息技术，推动执法数据的进一步整合，通过对审、管、罚环节数据的分析研判进一步提高执法效率。

1. 持续推动审批事项一网通办

充分利用政务信息系统整合共享成果，提高政务服务数据归集和资源共享的质量水平，推进电子签名、电子印章、电子证照、电子档案在政务服务中的应用。完善政务服务平台功能，推动行政审批事项网上服务全覆盖，提高行政审批事项网上办结率，及时通过政务服务平台发布审批结果。

2. 持续推动执法事项上网运行

依托省行政处罚与行政强制权力运行系统，推动行政处罚和行政强制事项全面上网运行，建立跨部门执法运行机制，明确事项名称、依据、网络运行流程、裁量基准和相关行政执法人员名单等上网要素，实现执法信息数据协同共享。同时，推进行政处罚与行政强制权力运行系统与政务服务平台深度对接，加强对运行系统业务信息的汇总、统计和大数据分析，为行政决策、审批服务和行业监管提供支持。

3. 推动审管罚信息协同平台建设

一是加快推进"双随机、一公开"监管工作平台上线运行，积极与国家"互联网+监管"系统对接，加强与已建成监管工作平台的整合，实现相关监管信息与"双随机、一公开"监管平台互联互通，充分满足部门联合双随机抽查和协同监管的需求。行业主管部门和综合执法部门依托平台，进一步加强对"双随机、一公开"工作的统筹协调，建立企业数据库，健全工作机制，细化抽查任务，根据实际需要依托平台实施跨部门联合抽查，推进"双随机、一公开"全覆盖。二是强化区块链技术运用，强化"互联网+"审管罚信息协同平台建设，审批部门要把好入口、监管部门要把握好日常管理、执法部门要把握好事后执法监管，将相关主体信息在协同平台上进行共同维护和使用。

（三）支撑保障：进一步完善工作机制

规范完善部门行政行为，建立健全工作体制机制，是构建审批、监管、执法协调联动工作体系的支撑保障。

1.建立组织领导机制

构建审批、监管、执法协调联动工作体系，是一项系统工程，牵扯到方方面面，需要高层强力推动、部门多方配合、内部密切协作，必须由党委、政府主要领导牵头推动，否则难以形成工作合力。要建立审批、监管、执法工作会商制度，由县政府分管领导召集有关部门就工作推进中争议事项进行会商，及时处理工作中需跨部门协调解决的问题，认真落实会商议定的有关事项，协调审批、监管、执法部门之间的关系。

2.建立协作配合机制

各部门都有协助其他部门的义务，应当积极支持和配合需协助其他部门完成的工作任务，不能推诿、阻拦、干扰或者懈怠。因此，审批、监管、执法部门应按照精细化管理要求，结合自身职责定位，梳理需要其他部门提供的协作配合事项，编制公布协作配合清单，针对一些专业问题建立健全现场勘验和技术支持协同工作机制，建立健全审批、监管、执法协作配合机制，强化整体联动，形成紧密合作、相互协调的工作格局。

3.建立"双向告知""结果互认"机制

行政审批部门应当将审批结果信息实时推送监管、执法部门，并及时掌握与本部门审批有关的市场主体信息。一是行业主管部门作出与行政审批部门履行行政许可权、综合执法部门履行行政处罚权密切相关的行政决定，应当实时推送审批、执法部门，并及时掌握与本部门监管有关的信息。综合执法部门作出的与行政审批部门履行行政许可权、行业主管部门监管密切相关的行政处罚、行政强制决定及执行情况，应当实时推送审批、监管部门，并及时掌握与本部门执法有关的信息。二是建立各环节结果互认机制，在"审管分离""审罚分离"背景下，审批、监管、处罚部门对彼此出具的结论意见相互认可，作为各自开展工作的重要信息依据。

行政执法与刑事司法衔接机制的
探索与实践

党的十八大以来，法治政府建设步履铿锵有力，行政执法体制改革深入推进。党中央、国务院高度重视行刑衔接工作，多次出台文件强调健全行政执法和刑事司法衔接机制，做到严格规范公正文明执法。特别是"三项制度"的全面推行，对于落实行政执法责任制、规范行政机关公正文明执法、维护人民群众合法权益，具有重要意义。习近平总书记在党的二十大报告中指出："扎实推进依法行政，转变政府职能，优化政府职责体系和组织结构，提高行政效率和公信力，全面推进严格规范公正文明执法。严格公正司法，深化司法体制综合配套改革，全面准确落实司法责任制，加快建设公正高效权威的社会主义司法制度。"由此可见，行政执法与刑事司法衔接（以下简称"行刑衔接"）是行政权与司法权共同参与社会治理的过程，实践中只有不断完善行刑衔接相关监督，对行刑衔接的程序和机制加以规范细化，行刑衔接工作才能顺畅。

2021 年 6 月 15 日，中共中央发布的《中共中央关于加强新时代检察机关法律监督工作的意见》（以下简称《意见》）第 5 条强调："健全行政执法和刑事司法衔接机制。完善检察机关与行政执法机关、公安机关、审判机关、司法行政机关执法司法信息共享、案情通报、案件移送制度，实现行政处罚与刑事处罚依法对接。"2021 年 9 月 6 日，最高人民检察院发布《关于推进行政执法与刑事司法衔接工作的规定》（以下简称《规定》），进一步统筹规定行刑案件双向衔接机制，突出司法机关的主导地位。2021 年 12 月 28 日中共贵州省委发布的《关于加强新时代检察机关法律监督工作的实施意见》第 14 条规定："健全行政执法和刑事司法衔接机制。完善检察机关与行政执法机关、公安机关、审判机关、司法行政机关执法司法信息共享、案情通报、案件移送制度，实现行政执法与刑事司法的有效衔接。"毕节市在贯彻落实行刑衔接的具体实践中取得了显著的成效，形成了一系列制度和规范。然而近年来，在生态环境监管、市场监管、安全生产监管等领域，行刑衔接制度空转现象依然较为严重，案件移送不力、移送流程受阻、衔接监督乏力等问题较为突出，"有案不移、以罚代刑、有案难移"①的顽疾并未得到根本性化解。健全行政执法与刑事司法衔接机制，需要在行政机关和司法机关的制度与规范探索的实践中提炼经验。

一　行刑衔接机制的基本内涵及其特征

行刑衔接机制是指行政执法机关将在行政执法过程中发现的涉嫌犯罪的案件或者线索移送通报至有管辖权的刑事司法机关，以及公安机关、检察机关、法院将在办理刑事案件过程中发现的、需要追究行

---

① 练育强：《行政执法与刑事司法衔接制度沿革分析》，《政法论坛》2017 年第 5 期，第 167～175 页。

政违法责任的案件或者线索移送行政执法机关的工作机制。① 2021 年修订的《行政处罚法》确立了双向移送的行刑衔接机制，即正向衔接，是指行政执法机关查处的案件，因涉嫌犯罪应当移送公安、司法机关立案侦查而没有移送，检察机关依法监督行政执法机关移送案件的法律活动；反向衔接，是指公安、司法机关立案侦查的案件，检察机关经审查，依法作出不起诉决定，不追究刑事责任，但是需要给予行政处罚，向有关主管机关提出处理建议，并移送相关案件的法律活动。② 由此可见，行刑衔接是行政权与司法权共同参与社会治理的一项制度，是行政机关与司法机关、行政法律规范和刑事法律规范以及行政法律程序与刑事法律程序的有效互动。现行行刑衔接制度主要呈现如下特点。

一是参与主体多元性。行政执法工作是国家实现社会治理的重要途径，其范围涉及社会各行各业，行政执法机关及具有行政执法权的组织众多③，而行刑衔接制度中除了行政执法机关，还包括监察机关、公安机关、国家安全机关、检察机关、法院和司法行政机关，参与主体多元，涵盖内容丰富。二是互动衔接双向性。现行的行刑衔接制度在互动衔接和案件移送上具有鲜明的"双向"特征，《规定》从检察视角具体规定了双向衔接与启动情形。其中，行刑正向衔接的启动情形是：检察机关主动审查；行政执法机关建议启动监督；人民群众举报。反向衔接的启动情形是：检察机关在拟作出不起诉决定的同

---

① 参见杨建顺《把握体系特色推进行刑衔接机制完善发展》，《检察日报》2021年 11 月 15 日，第 3 版。

② 参见高景峰、李文峰、王佳《〈最高人民检察院关于推进行政执法与刑事司法衔接工作的规定〉的理解与适用》，《人民检察》2021 年第 23 期。

③ 参见王次富《行政检察监督视角下完善"两法衔接"制度研究》，《中国检察官》2020 年第 3 期。

时，依法审查是否需要对被不起诉人给予行政处罚。① 三是监督方式多样性。包括检察机关对行政执法机关不依法向公安机关移送涉嫌犯罪案件的依法监督、对发现行政执法人员涉嫌职务违法或者职务犯罪线索移交监察机关处理；对决定不起诉的犯罪嫌疑人，依法移送有关主管机关给予行政处罚、政务处分或者其他处分等。四是检察机关主导性。在我国现有法律和规定框架下的行刑衔接制度，呈现以检察机关为主导、围绕检察机关全面展开的特点。

二 司法机关行刑衔接制度探索
——毕节市检察机关的实践

人民检察院作为国家法律监督机关，依法履行监督职能，保障国家法律的统一和正确实施。检察机关在行刑衔接工作中肩负推动和监督的职责。② 检察机关正确充分履职，既有利于及时发现纠正行政执法机关、公安机关执法不严、执法不公的问题，也有利于推进公正廉洁执法。毕节市检察机关充分发挥了检察一体化工作机制作用，

---

① 参见杨建顺《把握体系特色推进行刑衔接机制完善发展》，《检察日报》2021年 11 月 15 日，第 3 版。

② 《规定》明确了检察机关在推进行政执法与刑事司法衔接工作中的职责。主要包括：一是履行职责时审查是否存在行政执法机关对涉嫌犯罪案件应当移送公安机关立案侦查而不移送，或者公安机关对行政执法机关移送的涉嫌犯罪案件应当立案侦查而不立案侦查的情形；二是受理并审查行政执法机关的监督建议；三是受理并审查关于行政执法机关应当依法移送涉嫌犯罪案件而不移送，或者公安机关应当立案侦查而不立案侦查的举报；四是对于决定不起诉的案件，应当同时审查是否需要对被不起诉人给予行政处罚；五是发现行政执法人员涉嫌职务违法、犯罪的，应当将案件线索移送监察机关处理；六是答复行政执法机关有关刑事案件办理相关问题的咨询；七是定期向有关单位通报开展行政执法与刑事司法衔接工作的情况；等等。

统筹协调市县两级检察机关联动协作，形成了一系列创新性机制和亮点工程。

（一）2019年至2022年11月行刑衔接案件基本情况及特点

2019 年至 2022 年 11 月，毕节市检察机关共收到行政机关移送案件 177 件，一部分系检察机关在开展法律监督中发现可能存在应当移送而不移送的刑事案件，检察机关根据法律监督职责监督移送；一部分系行政执法机关根据行政执法中发现可能构成刑事犯罪而移送。其中，林业部门 39 件，公安机关 24 件，国土部门 21 件，劳动社会保障部门 18 件，政府部门 17 件，工商机关 11 件，人事部门 9 件，烟草专卖部门 8 件，煤炭行政主管部门 6 件，食品安全监督部门 6 件，卫生监督部门 6 件，药品监督管理部门 6 件，农牧管理部门 3 件，文化管理部门 1 件，环保部门 1 件，城市建设部门 1 件（见图 1）。总体呈现三大特点。一是所涉衔接部门广泛。毕节市检察机关行刑衔接相关监督工作覆盖面广，通过以上数据可以发现，行刑衔接已涉及大多数具有行政执法职能的行政部门，虽三年来行刑衔接案件数量不多，但涉及 18 个行政部门，就检察一体化工作机制而言，已初步实现了行刑衔接工作的预期目标，为进一步实现行刑衔接全覆盖奠定良好基础。二是行刑衔接配合机制初见成效。据毕节市检察机关反馈，在行刑衔接案件中绝大多数行政职能部门移送的案件，主要来源于当事人的反映和检察机关办案中的建议移送情况，由行政职能部门主动移送的案件比例相对较小。例如在打非治违专项行动中，毕节市相关行政机关主动移送案件 3 件，虽远低于行政处罚案件数量，但为行刑衔接工作进一步优化和健全开辟了渠道。三是监督对象和涉及罪名范围的宽广。2019 年以来，毕节市检察机关监督移送涉罪案件涉及劳动社会保障、安全生产监督、食品药品安全监督、林业等多部

门，涉嫌罪名达到 28 个，从 2019 年的 18 个罪名拓展到 2022 年的 28
个罪名，比较典型的有非法占有农用地罪、拒不支付劳动报酬罪、非
法经营罪等。移送案件处罚中，公安机关立案侦查 82 件 91 人，检察
机关受理审查逮捕 22 件 23 人，批准逮捕 8 件 8 人；受理审查起诉 22
件 23 人，起诉 15 件 16 人，不起诉 7 件 7 人，经法院审理后生效判
决中判处有期徒刑以上刑罚 8 人，并处罚金 7 人，职业禁止 1 人。

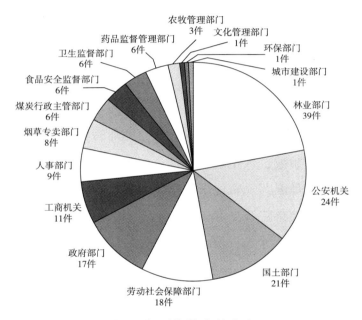

图 1　行刑衔接案件分布

（二）毕节市检察机关行刑衔接工作的经验

1. 设立行刑衔接检察办公室

2022 年 8 月 19 日，毕节市人民检察院印发了《毕节市人民检察
院关于加强行政执法与刑事司法衔接检察监督的实施意见（试
行）》，根据上述文件精神，设立了行刑衔接检察办公室，负责毕节

市检察院与毕节市公安局、毕节市司法局及其他行政执法机关行刑衔接的日常工作。市检察院行刑衔接检察办公室统一负责全市行刑衔接日常工作和对基层院相关工作指导，集中受理行政执法与刑事司法衔接事项。行刑衔接检察办公室受理事项后，会分流至管辖相应案件类别的办案部门。

毕节市检察院行刑衔接检察办公室，主要承担以下职责：一是建立与管理行刑衔接的常态化联系机制，负责毕节市行刑衔接联席会议日常工作；二是负责由行政执法机关牵头的专项工作；三是负责知识产权检察工作；四是联系安全生产、涉案企业合规、未成年人检察等工作的行刑衔接事项；五是管理行政执法与刑事司法衔接信息共享平台中市检察院的账户；六是调研检察机关诉源治理工作，提升检察机关参与社会综合治理的能力和水平；七是调研行刑衔接检察工作，提升行刑衔接工作质效；八是研究案件、线索移送标准、工作流程，制定操作细则；九是跟踪、督促市检察院各办案部门行刑衔接事项的办理；十是跟踪市检察院各办案部门向行政执法机关提出的检察建议、检察意见落实情况；十一是建立行刑衔接工作台账，收存相关工作资料。

毕节市检察院承办行刑衔接事项的办案部门，可以听取其他办案部门的意见，及时依法依规办理，并将办理结果通报行刑衔接检察办公室。检察院办案部门在履行检察职能过程中，如若发现涉及行政执法与刑事司法衔接线索的，会移送行刑衔接检察办公室。同时，毕节市检察院办案部门向行政执法机关提出检察建议、检察意见的，也会将检察建议、检察意见及相关工作材料报送行刑衔接检察办公室，由行刑衔接检察办公室登记备案，跟踪了解。

2.建立联席会议机制

毕节市检察机关探索建立行刑衔接联席会议机制，确保与行政执法机构的常态化联系。毕节市人民检察院、市公安局、司法局、税务局、市场监督管理局等12家部门建立了联席会议制度，就行刑衔接事项的办理、检察监督计入等进行明确规定，确保检察机关法律监督工作到位。行刑衔接联席会议原则上每半年至少召开一次，也可以根据工作需要临时召开。行刑衔接联席会议的职责主要包括：一是研究制定行刑衔接的相关工作机制；二是研究论证行刑衔接工作上的重大疑难复杂问题；三是研究相关社会领域的综合治理工作；四是研究知识产权保护、安全生产、涉案企业合规、未成年人保护等专题的行刑衔接工作；五是通报、研究行刑衔接工作态势及发展方向，加强各成员单位的沟通协作；六是会商案件、线索移送及信息共享事项。

3. 建立信息共享机制

检察机关对行政机关的法律监督主要来源于数据，而数据共享是检察机关法律监督及时、精准的保证。根据《毕节市人民检察院关于加强行政执法与刑事司法衔接检察监督的实施意见（试行）》文件精神，毕节市检察机关与行政机关达成共识，推进协作部门积极配合建设和完善行政执法与刑事司法衔接信息共享平台，确保实现检察机关精准化监督。如贵州省行政执法与刑事司法衔接信息共享平台已向检察机关抄送农资打假案件信息共5条。

4. 建立健全检察介入机制

毕节市检察机关立足自身法律监督职能，提前介入案件、线索进行审查，提供法律意见。行刑衔接联席会议成员单位就下列事项，可以商请检察机关介入：一是公安机关就行政执法机关移送的涉嫌犯罪案件主动听取检察机关意见的；二是公安机关办理的刑事案件中，可能涉嫌洗钱违法犯罪、职务犯罪线索，需要听取检察机关意见的；三是行政执法工作中，就刑事案件立案追诉标准、证据收集固定保全等问题咨询检察机关的；四是行政执法机关就受到两次以上行政处罚仍未整改，对是否涉嫌刑事犯罪存在疑虑的；五是行政执法机关作出行政处罚后，行政相对人拒不执行，对是否涉嫌刑事犯罪存在疑虑的；六是行政执法机关就案件、线索移送问题，需听取检察机关意见的；七是行政执法工作中，行政执法机关需检察机关开展相关工作的。此外，行政执法机关商请检察机关介入的，由行刑衔接联席会议的联系人向毕节市检察院行刑衔接检察办公室提出，市检察院行刑衔接检察办公室负责处理。

三　行政机关行刑衔接中的制度探索
——毕节市生态环境局等机关的实践

行政执法与刑事司法是两个独立的活动，但在程序上又有可能相互衔接，在内容上有一定的重合。这是因为，犯罪与行政违法的本质区别往往在于，其对社会危害性或者说是法益侵害的程度不同。当违法行为的危害性达到一定的限度时，其行为性质就会由一般违法、行政违法向犯罪转化。于行政机关而言，尤其是基层行政机关，往往处于执法的最前端，在一些具体案件中往往能第一时间对违法行为进行实体法和程序法的判断，在行刑衔接的行政机关"一头"往往能有创新性的制度变革。毕节市生态环境局等机构在行刑衔接的实践中进行了一系列的制度探索。

（一）2019年至2022年10月毕节市生态环境行政处罚及行刑衔接案件情况

2019年至2022年10月，毕节市立案查处生态环境违法案件916件，共处罚款7124.7万元，其中查封扣押9件，停产限产14家，移送公安机关拘留57件，移送涉嫌环境犯罪案件4件，移送法院强制执行 38 件。分年度情况如下：2019 年，全市立案查处 234 件，共处罚款 1935.13 万元，其中查封扣押 7 件，停产限产 11 家，移送公安机关拘留 21 件，移送涉嫌环境犯罪案件 2 件，移送法院强制执行 9 件。2020 年，全市立案查处 110 件，共处罚款 700.03 万元，其中移送公安机关拘留 10 件，移送涉嫌环境犯罪案件 1 件，移送法院强制执行 7 件。2021 年，全市立案查处 311 件，共处罚款 2413.55 万元，其中查封扣押 1 件，停产限产 1 家，移送公安机关拘留 18 件，移送法院强制执行 2 件。2022 年 1~10 月，全市立案查处 261 件、金额 2076 万元，其中查封扣押 1 件，限产停产 2 家，移送公安机关拘留 8 件，移送涉嫌环境犯罪案件 1 件，移送法院强制执行 20 件。2019 年至 2022 年 10 月，毕节市生态环境案件所涉及的行刑衔接案件包括：移送公安机关拘留 57 件，移送涉嫌环境犯罪案件 4 件，移送法院强制执行案件 38 件（见图 2）。总体呈现如下特点：一是行刑衔接案件相对于单纯的行政处罚案件或是刑事案件相对较少；二是作为行政机关的市生态环境局，与公安机关的衔接较为频繁，与检、法衔接相对较少。

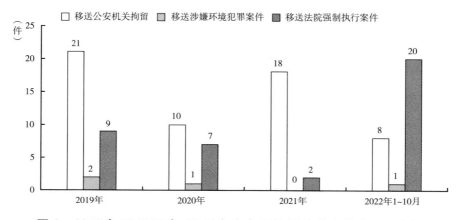

图 2　2019 年至 2022 年 10 月市生态环境局移送案件类型和数量

（二）毕节市生态环境局行刑衔接工作的经验

毕节市生态环境部门［含各县（自治县、市、区）分局、百里杜鹃管理区和金海湖新区生态环境保护行政主管部门］及市、县（自治县、区）人民法院、人民检察院和公安机关为加强全市各级生态环境部门、人民法院、检察机关、公安机关在办理生态环境违法犯罪案件中的衔接配合，确保违法犯罪案件有序高效办理，切实加大生态环境违法行为打击力度，制定生态环境保护行政执法与刑事司法工作衔接机制，本工作机制包括联席会议制度、联络员制度、信息共享制度、会商联动制度、案件移送制度。具体如下。

1.联席会议制度

联席会议是成员单位为通报工作情况，研究生态环境领域执法和司法中遇到的新情况、新问题，协调解决疑难问题，研究制定预防和打击生态环境领域犯罪的措施，改进衔接工作机制而专门召开的工作会议。联席会议原则上半年召开一次，由毕节市生态环境部门负责召集。因重大复杂案件需要召开临时会议的，由需召开会议的成员单位商请其他成员单位召开临时会议。联席会议参会人员为成员单位分管领导，具体负责生态环境违法犯罪案件办理的内设机构或部门负责人、各单位联络员及部分执法人员。需要邀请其他单位参会的，经成员单位会商后，邀请有关部门列席会议。

联席会议主要职责为：一是研究解决生态环境领域刑事犯罪、行政拘留工作中遇到的重大问题；二是通报有关工作情况：生态环境部门应当通报案件查办、线索移送和突出问题整改等情况；人民法院应当通报生态环境诉讼案件受理、审判、执行等情况；人民检察院应当通报提前介入侦查、引导取证、立案监督、批准逮捕、提起公诉、公益诉讼等情况；公安机关应当通报线索受理、立案侦查、案件撤销、实施强制措施、移送检察机关审查起诉等情况；三是研究解决生态环境领域重大、复杂、疑难问题，以及案件信息查询，证据收集、转换使用和相关证据的检验、检测、监测、鉴定等方面的衔接配合问题；四是根据工作需要，研究联合联动执法行动方案制定及工作推动有关事项；五是总结交流工作经验，分析生态环境领域违法犯罪规律、特点，预测犯罪趋势，研究预防、打击生态环境违法犯罪的对策；六是研究解决衔接工作机制的修订完善事宜。经联席会议研究，决定对本衔接工作机制进行修订的，原则上以会议纪要方式对修改部分进行通报，不再另行制定文件。

2. 联络员制度

联络员制度是各成员单位要明确内设机构及部门在生态环境保护违法犯罪案件办理中的职责，明确具体负责该项工作的机构负责对外联络，并明确 1~2 名工作人员作为本部门联络员。各成员单位要保持联络员稳定，对因人事变动等导致本单位联络员发生变动的，要在 10 个工作日内将联络人员变化情况通报其他成员单位。各部门联络员负责本部门案件办理信息收集汇总和部门间日常性、经常性信息联络；负责组织本部门人员参加联席会议；负责联合联动执法工作方案制定及执行；负责案件线索移送、部门信息推送和各部门工作信息收集。

3. 信息共享制度

信息共享制度是各成员单位应当加强工作信息互通共享，建立定期通报机制，每季度在成员单位内部通报辖区内生态环境领域违法犯罪案件办理工作情况，重大、疑难案件办理工作信息及时推送（应当保密的除外）。成员单位应当定期通报以下工作信息：生态环境部门应当通报各级各部门新出台的生态环境保护领域相关法律法规和政策、措施，辖区内生态环境领域生态环境违法行政案件办理和提起生态损害赔偿诉讼案件等信息。人民法院应当通报生态环境违法犯罪案件、民事公益诉讼、生态损害赔偿诉讼案件受理、审判和生态环境部门移送强制执行案件等信息。检察机关应当通报生态环境违法犯罪案件审查逮捕、审查起诉、公益诉讼、执法监督等信息。公安机关应当通报有关法律、法规、规章、司法解释、鉴定方法、判定标准以及涉嫌环境污染违法犯罪案件的相关证据、涉案当事人及有关人员情况、案件办理进展情况、办理结果等信息。各成员单位认为需要共享的或需要其他成员单位提供的信息，由相关成员单位会商确定。各成员单位要加强对下级部门信息共享工作的监督指导，发现下级部门信息应当共享但未共享的，要及时督促改正，对信息共享工作落实不到位导致影响案件正常查办的，严肃追究有关人员责任。

4. 会商联动制度

毕节市生态环境部门、人民法院、检察机关和公安机关对辖区内重大、疑难复杂、社会影响较大的生态环境违法犯罪案件实行会商办理。会商联动可采取召开会议、函告、征求意见或开展联合联动执法等方式开展。对辖区内的重大生态环境问题，成员单位可以根据会商情况实施联合挂牌督办。生态环境部门在案件查办过程中发现重大环境违法行为、涉嫌破坏生态环境领域刑事犯罪和其他需要人民检察院、公安机关在调查取证等方面提供指导帮助的，应将情况及时通报同级人民法院、人民检察院、公安机关，公安机关应当派员参与调查，组成紧急案件联合调查组，人民法院、人民检察院可派员介入提供办案建议。公安机关立案侦查的重大、有影响的生态环境领域刑事犯罪案件，应及时将情况通报人民检察院，商请人民检察院派员提前介入侦查，人民检察院也可根据案件情况主动派员提前介入侦查取证工作，参加案件讨论，审查相关案件材料，提出取证建议，并对侦查工作进行监督。

人民检察院、公安机关办理生态环境领域刑事犯罪案件涉及相关专业技术和法律适用方面的疑难问题时，生态环境部门应当支持各成员单位对生态环境领域案件的会商，由办案单位负责召集，会商达成一致意见的，应按会商意见执行；会商意见不一致的，由办案单位书面请示其上级主管部门。上级主管部门再次召集会商达成一致意见的，按会商意见执行；会商意见不一致的，办案单位应按其上级部门的意见执行，其他成员单位按各自程序办理。

5. 案件移送制度

生态环境部门依法向行政相对人作出责令停止建设、停止生产或者使用、停止违法行为等行政处罚、行政命令，在向人民法院申请强制执行前，可以根据违法事实和可能造成的生态破坏、环境污染危害向人民法院申请实施"诉前禁止令"。人民法院接到生态环境部门请求实施"诉前禁止令"的申请后，应立即进行审查，对符合条件的，人民法院应立即向被申请人发出"诉前禁止令"，防止危害扩大。生态环境部门应当将符合移送实施行政拘留和涉嫌犯罪案件按照属地管辖原则移送公安机关立案侦查。公安机关发现生态环境主管部门对涉嫌刑事犯罪的生态环境领域案件以罚代刑或未依法移送的，应要求生态环境部门移送，并将情况通报人民法院、人民检察院。检察机关、公安机关在办理涉及生态环境领域案件时，应当与生态环境部门进行联系，主动沟通、反馈办案信息（因保密规定或不宜公开的除外）。

检察机关、公安机关因查办破坏生态环境领域犯罪案件的需要，可定期或不定期查询生态环境部门查处和移送生态环境领域案件情况，必要时可查阅有关案卷材料。检察机关发现生态环境部门没有依法移送涉嫌犯罪的生态环境领域案件或案件线索的，可通过检察建议等方式督促生态环境部门移送案件。生态环境部门仍不移送的，人民检察院应当将有关情况通知公安机关，公安机关经过审查，认为犯罪事实客观存在、需要追究刑事责任且有管辖权的，应当立案侦查。

此外，毕节市市场监督管理局等机关在健全行刑衔接机制上也有一些创新性亮点。市市场监督管理局印发了《毕节市市场监督管理局（毕节市知识产权局）行政执法与刑事司法衔接制度》，健全联席会议制度（市食品药品行政执法与刑事司法衔接工作联席会议由市委政法委、市公安局、市中级人民法院、市人民检察院、市食品药品监督管理局组成，组成人员为各成员单位分管领导，市委政法委为联席会议牵头单位，负责召集联席会议），加强联动合作（将行刑衔接事项从食品药品安全扩展到普通工业产品质量、知识产权、反垄断、价格监督检查等领域，实现市场监管领域全覆盖。系统梳理市场监管领域涉及犯罪案件的刑事责任法律依据、行政监管法律依据、刑事责任立案追诉标准等相关依据，有效解决了涉刑案件移送操作层面依据缺失的问题），建设信息共享平台（市食品药品行政执法与刑事司法衔接工作联席会议各成员单位要配备专机、安排专人，做好信息共享平台的连接，及时录入查办的危害食品药品安全案件信息，实现有关违法犯罪案件的执法、司法信息互联互通。同时督促下级食品药品行政执法部门和刑事司法机关加快信息共享平台建设，努力实现全市食品药品行政执法与刑事司法衔接工作信息共享平台的建立健全和有效运行）等具体做法，为行刑衔接机制的构建提供了丰富的实践经验。

四　行刑衔接机制运行中存在的问题

近年来，毕节市各级行政机关和司法机关大力推动行刑衔接机制健全和落实，取得了一定的成效，但实践中仍然存在一些不容忽视的问题和困难。

（一）行刑衔接信息共享平台未能真正打通

根据课题组的调研，毕节市行刑衔接信息共享平台建设由来已久，市行政执法与刑事司法衔接工作已启动，并逐步建立起依托政务外网的大集中模式，覆盖市、县（区）两级共享的行政执法与刑事司法衔接信息共享平台。毕节市检察院通过该信息共享平台对市、县两级行政执法机关行政处罚案件进行监督审查，相关行政执法部门在信息共享平台上进行案件录入。但是，这一平台与检察机关、相关行政执法机关自身案件管理系统并未真正打通，平台是孤立的，只能依靠行政执法机关自行决定录入行政执法案件，导致案件录入的即时性、全面性、准确性、覆盖面不能得到保证，检察机关通过该信息共享平台不能及时、准确地获取涉嫌犯罪的行政执法案件信息。毕节市行政执法单位众多，涉及的行政执法案件种类繁多，但该市现有行刑衔接信息共享平台的案件信息录入主要集中于某些领域，如生态环保、市场监管、水务执法等。自 2020 年以来，毕节市检察机关多数建议行政机关移送线索在平台外发现、监督、移送、完成，现有的信息共享平台未起到应有作用。

（二）各机关参与行刑衔接工作程度不一，缺乏统筹

现有的行刑衔接机制以检察机关为主导而展开，在国务院《行政执法机关移送涉嫌犯罪案件的规定》修订之后，检察机关出台了一系列文件，在各项重点工作部署中强调了行刑衔接工作的重要性。但就目前毕节市该项工作的推进情况来看，除检察机关外，司法行政部门、市场监督管理部门、环保部门等单位参与行刑衔接的主动性和积极性较高，其他机关参与的程度则有一定差距，各机关参与程度不一，出现相关涉嫌犯罪线索应当移送而不及时移送、相关重大案件情

况应当及时通报而不通报、刑事司法机关不能及时立案等情况，导致检察机关不能及时有效监督。以毕节市安全生产领域为例，检察机关与应急管理等职能部门沟通联系缺乏长效机制，在安全事故提前介入、信息共享、案件会商等方面交流不全面、不深入，存在监督盲区。而作为衔接的"一头"——司法机关，显然出现衔接的不均衡（如毕节市生态环境局与公、检、法、司四家单位的衔接办案，仍是以公安机关衔接案件为主体，法、检、司三家单位衔接案件相对较少）。

（三）行政执法机关在各层级设置和管理不统一

我国公检法等司法机关在省、市、区（县）三级的机关设置基本是一致的，但行政执法机关则不尽然。省、市级层面各行政执法机关通常设置较全，但具体到区（县）一级，各行政机关之间差异较大，管理体制不统一，具体表现为：有的基层行政执法机关设置不全，有的行政执法机关上下级垂直管理，有的中央直属管理，有的地方和上级双重管理，有的多部门联合执法，等等。[1] 检察机关实行的是各基层检察院属地开展检察监督工作，检察机关与行政执法机关在层级和管理上的不统一，导致在开展工作对接时遇到诸多不便，更不论不同级别的行政机关的行政执法权限和种类不尽相同，执法的规范性没有统一标准，行政执法人员的执法能力参差不齐，等等。

（四）行政执法与刑事司法案件证据标准难以统一

《刑事诉讼法》第 54 条规定，行政机关在行政执法和查办案件

---

[1] 参见王次富《行政检察监督视角下完善"两法衔接"制度研究》，《中国检察官》2020 年第 3 期。

过程中收集的物证、书证、视听资料、电子数据等证据材料，在刑事诉讼中可以作为证据使用。这里的"可以作为证据使用"，是指这些证据具有进入刑事诉讼的资格，不需要刑事侦查机关再次履行取证手续，[①] 但是这些证据能否作为定案的依据，还需要依照证据规则和证据"三性"（客观性、真实性、合法性）的要求由侦查、检察、审判机关进行审查判断。法律虽然对行政执法机关调取证据从合法性的角度予以了确认，但是实务中由于行政执法案件数量多、覆盖面广、与人民群众日常生产生活联系密切、惩戒程度远远低于刑事处罚力度，行政执法案件证据标准远低于刑事司法案件证据标准，因此当具体案件从行政执法环节进入刑事司法环节之后，证据标准上的较大差异造成了案件"入罪"难。

五　健全行政执法与刑事司法衔接机制之举措

（一）细化行刑衔接相关规定

《行政处罚法》和《刑事诉讼法》等法律对行刑衔接仍然只有原则性规定，各行政执法机关、司法机关内部和有关机关之间分别制定或共同会签的实施细则性质的文件是现行条件下不错的路径选择。如毕节市生态环境部门联合市人民法院、人民检察院和公安机关印发《生态环境保护行政执法与刑事司法工作衔接机制的通知》，各部门联合起草，市生态环境局、市中级人民法院、市人民检察院、市公安局会签生态环境保护协作机制，就共同做好线索移送、案情通报、信

---

① 参见杨宇冠、高童非《论监察机关与审判机关、检察机关、执法部门的互相配合和制约》，《新疆社会科学》2018 年第 3 期。

息共享、服务宣传、交流协作、协同办案等各项工作的协作配合予以明确。

除此之外，一些省份借开展"府检联动"工作，将行刑衔接工作提升到政府统筹层面协同推进，也能解决各行政执法机关参与行刑衔接工作程度不一、缺乏统筹性的问题。如 2022 年 2 月，为进一步畅通行政机关与检察机关的沟通渠道，安徽省政府与省检察院建立"府检联动"工作机制，而后安徽省内多个地市、县区纷纷召开"府检联动"联席会议落实该项工作。① 在"府检联动"各项相关机制中，行刑衔接无疑是最重要的内容之一。下一步，如果"府检"能通过联动将行刑衔接工作提升至政府统一领导下，采取司法行政机关主办，检察机关主抓，各级行政执法机关、司法机关通力协作配合的方式，细化完善行刑衔接工作各项细则，就能真正发挥"府检"各自职能优势，共享行政执法信息和检察监督信息资源，促进行政机关正确处理遇到的涉嫌犯罪案件，保证司法机关正确处理遇到的应当予以行政处理的案件，实现行政执法和刑事司法更深层次融合的效果。

（二）建立案件信息共享常态机制

建设行刑衔接信息共享平台的落脚点在于实现真正的数据衔接，扩大数据共享种类，提升共享质量，打通数据壁垒。建议毕节市拟依托全省行政执法综合管理监督平台，建设行刑衔接系统，实现信息全面共享。但因行刑衔接各参与机关均有自己独立的案件管理系统，且基于各机关内部的保密要求，若要实行各机关之间所有案件信息的完全无缝对接确有难度，全省行政执法综合管理监督平台也

---

① 鲁建武：《行刑双向衔接机制的推进与完善》，《人民检察》2022 年第 9 期。

难以覆盖各行政执法机关全部案件。鉴于此，建议可以设置一定的数据模块，在一定程度和范围内，将新的行刑衔接信息共享平台系统、全省行政执法综合管理监督平台与各行政执法机关的案件管理系统打通，即各行政执法机关在录入行政执法案件的基本信息时，以案件数额、情节等涉及行政执法与刑事立案界限的重要信息作为抓取参数，将接近或符合刑事立案标准的案件自动筛选、传输到行刑衔接平台的数据库中，供检察机关查询、审查、监督，以真正实现案件数据信息互通共享。

（三）实现案情通报常态化

除信息共享机制化之外，为实现重大、疑难、复杂、敏感案件第一时间沟通、会商、研判、移送，还应实现案情通报常态化，建立执法司法案情通报制度。行政执法机关、司法机关在案件办理或履行职责过程中，应将重要案件情况、案件线索及时通报相关机关知悉，以引导及时启动相应工作程序，确保行刑衔接的规范性与实效性。在具体对接过程中，鉴于各地行政执法机关在层级和管理上不统一，检察机关完全按照属地原则实行检察监督显然不符合实际，故可以考虑采取由地市级检察院牵头，统筹辖区内的基层检察院，开展"包保对接"，采取不定期例会、定期专人联络的方式对接固定的行政执法机关。

（四）建立从程序到实体的移送规则

解决行政执法向刑事司法移送案件的标准问题，除以程序衔接为保障之外，还需以实体衔接为目标，即必须从刑法的谦抑性原则出发。刑法的谦抑性原则是刑事立法和刑事司法的基本原则，从行刑正向衔接的方面来说，对于能够使用行政手段解决的社会问题和矛盾，尽可能不作为刑事犯罪追究;① 而从反向衔接的方面来说，对于犯罪情节轻微、依照刑法规定不需要判处刑罚或者免除刑罚的，可以建议有关主管机关给予行政处罚、政务处分或者其他处分。在行刑衔接移送过程中，需牢牢把握这一原则，各机关之间密切配合、加强会商，统一案件移送标准和执法司法尺度。行政法规中确实存在许多"情节严重构成犯罪的，依法追究刑事责任"的条款，但是否属于"情节严重"应严格把握，绝不可简单地"数""量"化。

---

① 参见王次富《行政检察监督视角下完善"两法衔接"制度研究》，《中国检察官》2020年第3期。

专题篇

专题二
区、县（市）的行政执法协调监督实践

七星关区的行政执法协调监督

七星关区作为毕节市委、市政府所在的行政区，是毕节市的重要组成部分。按照毕节市行政执法协调监督工作体系建设试点工作动员部署安排和实施方案，区直各执法部门切实提高政治站位，将监督关口前移，把事后监督变为事前事中事后监督，对于行政执法部门的执法行为敢于监督、善于监督、经常监督，在用足用好现有监督方式基础上，进一步探索创新执法监督方式方法，建立健全行政执法争议协调解决、行政执法绩效评估、行政执法协作、行政审批监管处罚衔接、基层综合行政执法改革等协调监督机制，取得了显著的成效。

一　主要措施和做法

（一）聚焦监督制度建设，推动监督创新

紧紧围绕行政执法监督"投诉举报、专项监督、案件回访、专项说明、执法统计"的"五项制度"建设，按照全域推进、突出重点的工作思路，坚持创新引领推动，大胆先行先试，探索建立工作机制，印发了《毕节市七星关区关于进一步改进和加强行政执法监督

工作的实施意见》《毕节市七星关区行政执法争议协调解决制度（试行）》《毕节市七星关区行政执法检查监督制度（试行）》《毕节市七星关区行政执法情况通报制度（试行）》《毕节市七星关区行政执法机关内部人员干预、插手案件办理的记录、通报和责任查究制度（试行）》等，着力解决实践中影响行政执法协调监督工作质效的瓶颈问题。

一是探索建立投诉举报制度。制定了《毕节市七星关区行政执法监督投诉举报制度（试行）》。建立了投诉举报先行处理原则，压实被投诉举报单位的职责；明确了各级各部门的行政执法监督职责定位；从正反两个方面对投诉举报范围和不予受理范围进行规定，便于实践工作的开展。

二是探索建立专项监督制度。明确了专项监督的职责主体、组织实施、信息共享等重点内容。

三是探索建立了行政执法案件回访制度。明确了需要进行重点回访的范围，并规定了例外情形；将行政处罚案件中适用普通程序办理的行政处罚案件作为重点回访案件；对回访的内容、回访的方式、回访比例、回访时效、回访人员组成、回避、违法线索的移送、责任查究、通报等重点内容作了规定。

四是探索建立行政执法专项说明制度。明确了专项说明的情形、说明的内容、说明的方式等重点内容。

五是探索建立行政执法统计年报制度。明确了行政执法年报统计的内容；明确行政执法统计工作实行部门主要领导负责制，并明确相关人员负责单位日常统计数据收集与整理。

（二）聚焦监督体系建设，明晰监督职责

紧紧围绕"区级行政执法部门监督职责、区直行政执法部门监

督职责、乡镇（街道）司法所监督职责、行政执法主体资格清单"的"四个明确"工作措施，探索建立了区、乡镇（街道）两级行政执法监督体系，明确了部门和乡镇（街道）不同的监督职责，着力解决"谁来监督"的问题。截至 2022 年底，全区已明确乡镇（街道）、区直行政执法部门的行政执法协调监督机构共 45 个。

一是明确区级行政执法部门监督职责。在投诉举报方面，如明确了区人民政府统一领导全区的行政执法投诉举报工作；区级司法行政机关负责区人民政府行政执法投诉举报的指导、协调和监督工作；在专项监督方面，如明确区级执法监督机构负责组织、协调、指导和实施行政执法专项监督工作，统筹解决行政执法专项监督中的重大问题；区直各行政执法单位法制机构或承担法制审核的机构负责对本单位内设机构、派出机构和执法人员的行政执法及其相关行为进行专项监督。

二是明确区直行政执法部门监督职责。在专项监督方面，明确了全区各级各部门行政执法单位在其上级主管部门的领导和区级司法行政部门的指导下，具体负责单位、本系统行政执法的投诉举报工作。

三是明确乡镇（街道）司法所监督职责。如明确各乡镇（街道）司法所负责组织、协调、指导和实施所属乡镇（街道）行政执法专项监督工作。各乡镇（街道）承担法制审核的机构负责对本单位的行政执法及其相关行为进行专项监督。

四是明确行政执法主体资格清单。全面开展对行政执法主体资格的确认，全面清理、审核行政执法主体资格，并对外公开、接受全社会监督。经清理，全区现有行政执法主体单位 75 家。其中，区直行政执法主体 27 家。

（三）聚焦监督队伍建设，提升监督能力

紧紧围绕落实"执法监督证、执法监督专家库、执法监督联系

点、社会监督员"的"四个全面"工作措施，全方位加强行政执法监督队伍建设，着力解决"有人监督"的问题，提升行政执法监督能力和水平。七星关区现有律师事务所 42 家，现有律师 429 人。其中专职律师 367 人、兼职律师 18 人、公职律师 31 人、公司律师 11 人、法律援助律师 2 人；基层法律服务所 4 家，基层法律服务工作者31 人。

一是全面加强行政执法监督人员的学习和行政执法监督证的办理。向各乡镇（街道）、区直各行政执法部门发送工作提示，要求积极参加培训和组织学习。

二是全面探索建立行政执法监督专家库。外聘专家要求具有法学专业教育背景并从事法治工作 5 年以上或通过国家法律职业资格考试并从事法治工作 3 年以上；内部专家主要从纪检监察机关、检察机关、审判机关、行政执法部门等单位中聘请具有较丰富行政执法实务经验的骨干担任，一般应具有法学专业教育背景并从事法治工作 3 年以上或通过国家法律职业资格考试并从事法治工作 2 年以上。通过参与日常执法监督检查、行政执法案卷评查、重大行政执法争议协调等工作履行职责，保证法律、法规在行政执法领域的正确实施。

三是全面合理设置行政执法监督联系点。七星关区司法局发布《关于设立行政执法监督联系点和聘请行政执法社会监督员的公告》，向社会公开招募，设立行政执法监督联系点范围涉及企业、商会、行业协会、社会团体、乡镇政府、学校、村居社区等。

四是多领域选聘行政执法社会监督员。依据相关规定，七星关区司法局向社会公开招募；并向涉及食品药品安全、生态环境保护、安全生产、城乡建设、劳动保障等事关群众切身利益、人民群众反映强烈的相关单位发函要求推荐社会监督员。

（四）聚焦监督内容创新，突出监督重点

紧紧围绕"案卷评查监督、行政执法专项监督、社会监督、行政复议监督、重点执法领域监督、重大行政执法法制审核监督、法治督导监督，"推进"七个着力于"工作。

一是着力于开展案卷评查监督。制定案卷评查标准，通过组织行政执法单位开展交叉评查、实地到行政执法部门抽取案卷评查等方式，及时发现行政执法中存在的问题，并及时以通报等方式落实整改。例如，2021年11月至2022年1月，共组织开展三次行政执法案卷评查。从区直各行政执法部门法规股室共抽调32名人员组成8个交叉评查小组，随机抽取区直各行政执法部门16件行政许可案卷和135件行政处罚案卷进行评查。通过评查，评选出优秀卷宗8件、良好卷宗139件、合格卷宗4件。对评查发现问题，分别发送告知单到各行政执法部门，按照要求落实整改。2022年11月，抽取15家行政执法部门的30件行政执法案卷进行评查，评查的案卷均为合格，其中评查出优秀卷宗19件、良好卷宗7件，合格卷宗4件。

二是着力于开展行政执法专项监督。2022年全区各行政执法单位共办理行政执法监督案例101件，开展行政执法监督103次。行政执法单位被司法行政部门进行行政执法监督2次，其中，被责令撤销1次。

三是着力于开展社会监督。2022年6月，向社会公布行政执法投诉举报电话及邮箱，2022年度，区司法局共收到投诉举报案件23件，其中电话投诉案件15件、现场投诉案件1件、邮箱投诉7件。

四是着力于开展行政复议监督。持续深化行政复议体制改革，畅通行政复议的渠道，制定了《毕节市七星关区行政错案追究办法》，对被纠错的案件和败诉案件实行"一案一分析、一案一整改、一案

一报告"制度，综合运用通报、约谈等方式，强化行政复议监督。

五是着力于开展重点执法领域监督。适时组织开展食品药品等涉及民生领域行政执法的监督，及时发现问题并落实整改，切实维护群众切身利益。

六是着力于开展重大行政执法法制审核监督。全区现有法制审核人员 295 人，其中法律顾问 92 人，各行政执法部门法规股室 181 人。2021 年，提请重大执法决定法制审核案件 852 件。在重大行政执法决定法制审核方面，各行政执法部门从确定法制审核范围、明确法制审核内容、细化法制审核程序等方面来规范重大行政执法决定法制审核工作。同时，充分发挥法律顾问、公职律师作用来参与重大行政执法决定法制审核工作，不断提升重大行政执法决定法制审核水平。

七是着力于开展法治督导监督。2022 年 3 月 31 日至 4 月 2 日，区委依法治区办成立了五个督察组，对重点的区直部门及城区街道办事处开展法治政府建设示范创建暨法治建设工作督察，并印发了《关于开展法治政府建设示范创建暨法治建设工作督察情况的通报》，要求各单位对督察存在的问题进行整改。2022 年 5 月 11~17 日，区委依法治区办成立了八个督察组，对全区所有乡镇（街道）法治政府建设示范创建工作开展情况进行督导，对督察出的问题现场反馈给被督导单位，要求及时进行整改。

（五）聚焦监督工作流程，规范监督程序

紧紧围绕"执法监督权责清单、执法监督文书格式、执法监督案件交办程序"的"三个规范"工作措施，制定行政执法监督权责清单，全面梳理监督流程中可能涉及的文书格式，以文书格式、监督流程等的标准化建设促进监督工作的规范化。

一是规范行政执法监督权责清单。对照新修订的《行政处罚法》

《贵州省行政执法监督管理办法》等法律法规，逐步梳理区乡二级执法协调监督权责清单，明确执法协调监督的履职方式和工作责任，划分行政执法活动政府监督和部门监督的职责边界。

二是规范行政执法监督文书格式。对行政执法投诉举报、专项监督、回访、行政执法监督意见书和监督决定书等文书进行全面规范。

三是规范行政执法监督案件交办程序。对投诉举报、复议渠道、案件评查、专项监督等渠道掌握的重大违法线索，规范立案审批流程，加大案件交办的力度。

（六）聚焦监督结果运用，确保监督质效

紧紧围绕"监督通报制度、监督通知书、监督决定书、监督意见书、监督追责问责结果、容错机制"的"六个强化"工作措施，根据《法治政府建设实施纲要（2021-2025年）》《法治政府建设与责任落实督察工作规定》《关于全面推行行政执法公示制度执法全过程记录制度重大执法决定法制审核制度的指导意见》《贵州省行政执法监督办法》等规定，综合运用通报、《行政执法监督意见书》、《行政执法监督决定书》等方式，确保监督质效。

一是强化行政执法监督通报制度的运用。在开展行政执法案卷评查等过程中，对开展执法监督的情况及时进行汇总、分析，并在适当范围内通报。

二是强化行政执法监督通知书的运用。发现各行政执法单位以及行政执法单位内设机构、派出机构和执法人员可能存在不履行、违法履行或者不当履行法定职责情况的，按照程序可以发出执法督察通知书，要求提供相关材料和情况说明。相关执法部门、执法机构应当在收到监督通知书后10个工作日内提供相关材料或情况说明。

三是强化行政执法监督决定书的运用。行政执法监督机构发出执

法监督通知书后，经过调查核实，认为相关行政执法单位及其执法机构或其执法人员存在不履行、违法履行或者不当履行法定职责情形的，经区人民政府主要领导或分管领导批准，可以发出执法专项监督决定书，要求相关单位限期纠正；必要时可以直接纠正。相关行政执法单位及其内设机构、派出机构应当在执法监督决定书规定的期限内纠正相关行为，并于纠正后 10 个工作日内向区级行政执法监督机构报告纠正情况。

四是强化行政监督意见书的运用。行政执法监督机构发现各行政执法单位行政执法工作中存在普遍性问题或者区域性风险，经区人民政府主要领导或分管领导批准，可以向各行政执法单位发出执法专项监督意见书，提出完善制度或者改进工作的要求。

五是强化行政执法监督追责问责结果的运用。在行政执法监督过程中，发现行政行为轻微违法或不当的，及时通知行政执法单位进行整改；发现违纪违法严重的，依据有关规定责令及时纠正，并给予负责人员行政处分；发现存在不履行、违法履行或者不当履行法定职责情形需要追责问责的，根据有关规定处理；构成犯罪的，移交刑事司法机关追究刑事责任。

六是强化容错机制的运用。建立行政执法容错机制，明确履职标准，完善尽职免责制度。

二　主要成效和亮点

（一）行政执法规范化水平显著提高

大力推行"行政执法信息公示、执法全过程记录、重大执法决定法制审核"三项制度，不断加强行政执法规范化建设，依法行政能力和水平全面提升。经统计，毕节市七星关区办理执法证人员907人，其中，换证691人，新申领216人；正在申请办理353人，乡镇、街道共有48家行政执法单位，在区委工作机关挂牌的机构，以挂牌机构名义对外开展行政执法工作的3家；分批次开展全区264个新版执法证件换证工作，不断提升执法质量效能。

（二）监督人员范围多领域显著扩大

一是全面办理行政执法监督证，在推进行政执法协调监督工作体系建设试点以来，全区新申领行政执法监督证的人员有109人，已取得行政执法监督证的有14人，正在办理95人。

二是建立行政执法监督专家库。经单位推荐、考察研究、审核等程序，从区市场监督管理局、区司法局、区公安分局、区纪委、区监委、区法院、区综合执法局、律师事务所等单位选出20名具有较高法律素养、业务能力强、工作经验丰富的业务骨干组成行政执法协调监督专家库。

三是设立第一批行政执法监督联系点。经公开报名、单位推荐、考察研究、审核等程序，毕节市七星关区初步设立行政执法监督联系点13家，其中企业2家、行业协会2家、社会团体1家、乡镇（街道）6家、学校1家、行政部门1家。

四是选聘第一批行政执法社会监督员。毕节市七星关区共选聘22名社会监督员，其中，社会律师3名、行业协会负责人1名、企业负责人2名、社区工作者1名、法律工作者5名、熟悉乡镇或基层工作的10名。

（三）全过程监督体系显著完善

从开展案卷评查、开展行政执法专项监督、开展社会监督、开展行政复议监督、开展重点执法领域监督、开展重大行政执法法制审核监督、开展法治督导监督等多方面完善监督体系。

（四）行政执法监督文书格式全方位规范化

对行政执法投诉举报、专项监督、行政执法案件跟踪回访、行政执法监督意见书和决定书等文书进行全面规范。

三 主要经验和启示

（一）强化行政执法监督机构是推动行政执法监督的重要保障

健全区级、部门、乡镇（街道）二级行政监督机构，明确具体人员编制，并明确行政执法监督员的工作范围和具体要求。解决区级司法行政部门的监督、上级行政执法部门的监督和本级行政执法部门的监督的衔接问题，能有效提升行政执法监督质效。

（二）强化行政执法监督队伍建设是推动行政执法监督的重要基础

只有建立健全行政执法监督队伍，加强对行政执法监督人员进行培训，确保行政执法监督人员高学历、高素质，才能提高行政执法协调监督成效。

（三）强化行政执法监督方式创新是推动行政执法监督的重要途径

建立与检察、纪委监委等部门联合监督机制，建立对行政执法案件跟踪回访机制、明察暗访监督机制、重大行政执法案件现场监督机制等监督方式，有利于行政执法监督发挥在行政执法行为中的作用。

（四）强化行政执法全过程监管是推进行政执法监督的重要要求

将行政执法监督贯穿执法全过程，狠抓复议、案件、投诉举报等环节，创新性利用智慧手段推进全程、即时、动态监管，能有效提高行政执法质效。

（五）强化行政执法监督结果的运用是推动行政执法监督的重要体现

行政执法监督要严格落实，厘清行政执法监督通报、行政执法监督通知书、行政执法监督意见书和行政执法监督决定书等的适用范围、条件和程序，注重行政执法监督结果的运用，促进规范公正文明执法。

下一步，毕节市七星关区将持续深入探索建立制度完善、机制健全、监督有力、运转高效的行政执法协调监督工作体系，有效监督和解决行政执法过程中的突出问题，为大力提升行政执法质量和效能、促进严格规范公正文明执法、加快法治政府建设、推进政府治理体系和治理能力现代化提供有力保障。

大方县的行政执法协调监督

行政执法协调监督是一项长期性工作。2022 年以来，大方县各有关行政部门坚持问题导向、目标导向和效果导向，按照"整体推进、重点探索、打造亮点、树立典范"的思路，坚持统筹推进，做到突出重点，将行政执法协调监督工作体系建设试点改革工作与法治毕节示范创建和法治政府建设目标任务紧密结合起来，坚持常态化推进、项目化落实、清单化管理，在健全行政执法监督协调机制、创新行政执法协调监督方式、加强行政执法协调监督机构队伍建设等方面进行了有益的探索与实践，助推法治毕节示范创建的高质量发展。

一　组织领导

为深入开展好行政执法协调监督工作体系建设试点工作，结合实际印发了《大方县开展行政执法协调监督工作体系建设试点工作实施方案》，成立由县长担任组长，政法委书记、副县长担任副组长，各有关单位、各乡（镇、街道）人民政府（办事处）主要负责同志、主要领导为成员的行政执法协调监督工作体系建设试点工作领导小组，同时组建工作专班，切实提升行政执法协调监督工作体系建设试点工作质效。

二 主要经验做法和工作成效

行政执法协调监督试点工作启动以来，大方县结合实际，通过"构建行政执法协调监督工作体系、加强阵地建设和队伍建设、强化行政执法监督"三部曲稳步推进行政执法协调监督工作体系建设试点工作。

（一）构建行政执法协调监督工作体系

目前大方县已初步构建了"司法行政＋主管部门＋乡（镇、街道）"的行政执法协调监督工作体系。县司法局作为县级行政执法协调监督机构，负责全县行政执法协调监督的具体开展，并指导和统筹全县各行政执法监督机构开展工作；执法部门及乡（镇、街道）成立本部门或行政区域内的行政执法监督机构，具体负责本部门和本行政区域内的行政执法监督工作。行政执法的监督体系网格化、全覆盖，确保在行政执法工作中，有行政执法的地方就有监督体系的存在，规范行政执法的合法性和合理性。

（二）加强阵地建设和队伍建设

1. 明确专职人员，强化阵地建设

在县司法局的指导下，各行政执法部门依托本单位政策法规股或承接政策法规工作的股室，乡（镇、街道）依托司法所、综治办、党政办等相关股室成立了各级行政执法监督机构，并由具备法律专业知识、政治素质高的法制审核人员担任行政执法监督员，确保每个单位及乡（镇、街道）有2名以上行政执法监督人员从事行政执法监督工作，保障行政执法监督工作有人员、有阵地，能够扎实开展工作。截至 2022 年底，全县各级行政执法监督人员正逐步通过司法云平台完成监督人员培训考试，已办理行政执法监督证 39 人，其余人员正在相继学习考试。

2. 建立行政执法监督联系点，聘请社会监督员

为开展好行政执法协调监督工作体系建设试点工作，充分发挥好社会监督作用，大方县经过充分调研，选择在大方县民营企业家协会成立了大方县行政执法协调监督联系点，联系点实际服务企业 130 余家，涉及民营企业的各领域各行业，在执法领域具有覆盖面大的优势。为优化队伍结构，拓宽监督渠道，引导社会面参与行政执法监督，聘请了 4 名社会监督员开展行政执法监督工作，多方面多渠道收集社会层面对行政执法监督工作的建议和意见，真实了解大方县行政执法工作存在的问题，在规范行政执法工作的同时，更加有力地维护了大方县和谐、公平的营商环境。

3. 建立行政执法监督专家库

为进一步完善行政执法协调监督机制，规范行政执法监督行为，提升行政执法监督效能，充分发挥专业人才队伍的作用，择优选择政治素质高、业务能力强、具备法律专业知识或执法工作经验丰富的同志建立了大方县行政执法监督专家库。截至 2022 年底，已完成专家库相关数据收集整理工作，全县共有行政执法监督专家库成员 23 名。

（三）强化行政执法监督

1. 强化行政执法监督

积极探索执法监督方式方法，重点通过行政执法工作报告、行政执法处罚案件清单、行政执法人员培训、行政执法证件管理、行政执法专项监督等工作，开展全方位、全流程执法监督。

一是重点围绕行政执法"三项制度"和行政执法规范化建设等

情况，以专项监督为主、跟踪监督为辅，对公安、自然资源、综合行政执法、交通运输、农业农村、卫生健康、市场监管、生态环境保护、文化旅游等重点行政执法领域开展专项监督，重点对市场监管、综合行政执法、交通运输等领域的行政执法案件进行个案全程监督，跟踪执法，参与执法全过程，对执法监督过程中发现的问题当面提出，限时整改。2022年以来，共组织全县15家重点行政执法单位开展行政执法案卷交叉评查5次，共评查行政执法案卷986件，评查出优秀卷宗136卷、合格卷宗850件，无不合格卷宗。

二是对外公布行政执法投诉举报渠道，拓宽投诉举报渠道，及时受理群众来电，对群众举报的行政执法案件进行个案监督，建立工作台账，并将处理结果及时反馈群众。2022年以来共办理群众举报案件1件。

2.强化对行政执法人员的管理

一是扎实开展执法人员申领办证工作，通过司法云平台维护执法主体56个，审核行政执法证申领382个，审核行政执法证换证664个，注销行政执法证88个，审核行政执法监督证申领38个。

二是强化行政执法人员业务能力培训，为进一步提升行政执法人员的业务能力，规范行政执法行为，大方县组织全县875名行政执法人员开展系统培训，主要围绕行政执法程序、《中华人民共和国行政处罚法》《贵州省行政执法监督管理办法》《毕节市行政执法公示办法》《毕节市行政执法全过程记录办法》《毕节市重大行政执法决定法制审核办法》等内容进行全面系统的培训。组织行政执法人员共802人参与法治政府知识考试3次。

（四）多家行政执法单位联合出台行刑衔接工作机制

大方县人民检察院联合国家税务总局大方县税务局、县人事局、县应急局等 14 家单位出台《关于行政执法与刑事司法衔接的工作机制》（以下简称《机制》）。《机制》从九个方面对行政执法与刑事司法衔接进行了明确。在案件办理过程中，各部门要加强沟通交流，建立工作联络群，积极推进办案执法动态信息的互通和共享，及时通报查处违法案件信息线索、案件查办进展等。行政执法机关在查办案件过程中，对符合刑事追诉标准、涉嫌犯罪的案件，及时将案件向公安机关移送，并抄送人民检察院备案。公安机关依法对案件材料进行审查并依法作出是否立案的决定，检察机关依法对案件处理开展法律监督。《机制》还明确，检察机关在履行职责过程中，发现行业领域社会管理存在漏洞和隐患的，认真剖析原因、制定对策，依法向主管行政机关发出检察建议，促进行政机关规范管理、公正执法。

该《机制》的出台，旨在有力打击行政执法领域和刑事司法领域交叉出现的违法犯罪行为，畅通行政执法和刑事司法衔接渠道，密切检察权与行政权的协作配合。大方县检察院有关负责人表示，该《机制》的制定，将有利于避免行政执法出现以罚代刑、有罪不究、降格处理等问题。

（五）多举措全面铺开"双随机、一公开"联合监督检查

为进一步规范监管行业经营行为，营造健康市场环境，近期，大方县卫生健康综合行政执法大队根据大方县市场监管领域部门联合"双随机、一公开"监管联席会议办公室的统一部署，采取三项措施，全面铺开部门联合"双随机、一公开"抽查工作。

一是把握重点、周密安排。为确保抽查的有效性，使监管范围更全面，大方县卫生健康综合行政执法大队根据《大方县"双随机、一公开"联席办关于印发〈大方县 2022 年度市场监管领域部门联合"双随机、一公开"监管工作方案〉的通知》任务要求，2022 年度，

共选取五个抽查领域，联合县市场监督管理局、县消防大队、县文广局、县公安局、县环保局开展"双随机、一公开"联合检查。重点对影剧院、音乐厅、公共场所、民营医疗卫生机构、餐饮具集中消毒单位卫生情况及卫生制度进行监督检查，依托贵州省"双随机、一公开"监督工作平台按比例随机抽取。按最新在库执法人员库名单随机抽取配对检查人员，确保执法工作精准规范。

二是严格执法、确保实效。部门联合"双随机、一公开"抽查工作的具体开展，由大方县卫生健康局牵头，大方县卫生健康综合行政执法大队具体实施，分别与各联合单位检查组，按照统一进场、统一检查、统一记录、统一离场的方式，在各自职能范围内，对各检查对象实施了现场检查，并填写相应部门执法检查记录表。截至2022年底，已联合县环保局监督检查1家餐饮具集中消毒单位，联合县市场监督管理局监督检查1家民营医疗卫生机构。针对监督检查中存在问题，执法人员已当场下达监督意见书，责令限期整改。

三是规范流程、信息公开。按照"谁检查、谁录入"的原则，在联合抽查结束后，各联合单位执法检查人员在规定时限内将抽查结果分别录入贵州省"双随机、一公开"监管工作平台，由牵头单位进行公示。下一步，县卫生健康综合行政执法大队将更为有序地开展部门联合"双随机、一公开"监督检查工作，不断提升卫生监督执法效能和服务水平，全力保障好、维护好监管行业的公平与规范，切实保障人民生命健康。

（六）综合行政执法部门组织开展城市秩序专项整治行动

为切实改善县城"脏乱差"现象，打造整洁、有序的城区环境，进一步规范城区市容秩序，积极创建省级文明城市，以"绣花"功夫做实常态化创建文明城市，推动大方县省级文明城市创建工作再上新台阶。大方县综合行政执法局组织开展城市秩序专项整治行动，对城市主次干道及背街小巷进行专项整治，进一步提升城市精细化管理水平。为开展好此次整治行动，县综合行政执法局召开专项整治行动动员部署会议，围绕创建省级文明城市、美丽城区，进一步明确整治范围、整治内容、整治标准、整治时限。在各大媒体发布整治通告，并对各门店、沿街摊点下达口头通知，积极引导摊贩进入城中农贸市场、桃源农贸市场、金宝农贸市场、佳鑫农贸市场等临时疏导点规范经营，确保行动取得实效。

一是强力整治占道经营。坚持"疏堵结合"，加大执法力度，清理取缔非法占道经营、流动摆摊等违规行为，引导摊点在规划的便民市场规范经营。在日常监管的基础上，强化巡查机制，对城区主次干道占道经营露天烧烤摊点、大排档巡回检查，做到发现一处、取缔一处。

二是持续规范广告牌匾。通过采取常态化巡查的方式，对未经审批擅自设置及陈旧、破损的户外广告牌匾和不符合规范标准的广告牌匾，督促自行整改、拆除；对拒不整改企业、门店下发责令整改通知书，依法强制拆除，进一步巩固广告牌匾整治成果。

三是强化"门前三包"管理。加大日常巡查监管力度，重点检查主次干道、人流密集及商户密集场所的商户"门前三包责任制"的落实情况，针对无照经营、非法小广告、门店外溢等违反"门前三包"管理的行为，一经发现及时督促整改。

四是依法拆除违法建筑物。根据《城乡规划法》等法律法规的规定，按照"拔钉子"的工作思路，以"拆除一户，教育一方"的工作方针，对一些具有代表性、有一定影响力的违法建筑物、构造物及私设地锁依法强制拆除。

下一步，县综合行政执法局将进一步加大整治力度，以点带面，对城区主次干道及背街小巷占道经营、店外经营、乱摆乱放等市容乱象进行全面清理规范，并形成常态化管理机制，不断提升城市精细化管理水平，共创文明城市。

（七）开展行政执法案卷交叉评查

2022年1月20日，大方县司法局组织县市场监管局、应急管理局等15家行政执法单位开展全县2022年行政执法案卷集中交叉评查。评查中，15家参与案卷评查的行政执法单位分为7个评查小组，对2019年以来全县重点行政执法领域重大行政执法行政处罚案卷进行评查。评查内容严格按照《毕节市行政处罚案卷评查参考标准》，采用"一卷一表"、逐案交叉阅卷方式进行，主要围绕"行政执法主体是否合法，行政执法事实是否清楚、证据是否充分、定性是否准确，行政执法适用的法律、法规、规章是否合法、适当，行政执法程序是否合法、是否充分保障相对人权利，送达和执行是否合法、是否实行罚缴分离，行政执法文书案卷材料是否完整齐备、文书使用是否规范、案卷制作是否符合标准"、是否全面落实行政执法"三项制度"等方面进行细致评查。

此次案卷评查共评查行政处罚案卷62卷，通过评查认为，行政处罚类案卷基本能做到执法主体合法，事实清楚，证据充分，适用法律准确规范，处罚幅度适当。但评查中也存在案卷质量参差不齐、证据提取不规范、处罚决定书有涂改、集体讨论记录不完整、重大执法决定未经法制审核、当事人救济途径告知错误、案卷文书漏字错字、案卷装订不规范等问题。针对存在的问题，评查组逐一对案卷进行了评查结果反馈，并从规范办案程序、提高文书质量、完善归档管理等方面提出了整改建议。此次行政执法案卷评查重点突出，注重解决实际问题，对提升各行政执法单位案卷制作水平、规范行政执法程序将起到积极的促进作用。

（八）加强对网络预约出租汽车执法监管

为加强新业态行业行政执法监管，确保全县道路交通安全形势持续稳定，大方县交通运输局进一步加强对网络预约出租汽车执法监管，规范经营行为，促进行业健康发展。

1. 开展道路巡查，严查各类违法行为

联合交警部门，抽派执法力量与交警部门组成综合执法队伍，采取定点检查与流动检查、定时检查与不定时检查的方式，加强对重点时段、重点区域的监管。利用夜间执法、错时执法、定点执法等措施，针对网约车存在以下问题进行打击：一是网约车平台公司未取得经营许可擅自从事经营活动；二是违反《网络预约出租汽车运营服务规范》规定，违规派单行为；三是变相从事班线客运经营活动；四是网约车常驻异地从事经营活动；五是未取得《网络预约出租汽车运输证》《网络预约出租汽车驾驶员证》的车辆、驾驶员从事网络预约出租车经营活动；六是网约车未经许可从事跨区域经营活动；七是线上线下车辆和驾驶员不一致、巡游揽客以及以私人小客车合乘名义开展网络预约出租车经营活动的非法营运行为；八是从业人员服务态度差、语言不文明、行为不规范、不系安全带、开车接打电话、看视频、吸烟、车窗抛物、乱停乱放、路中间或斑马线上下乘客等现象。2022 年 1～10 月，出动执法人员 10984 人次，出动执法车辆 1891 辆次，检查网络预约出租车 6248 辆次，发现违规经营的网约出租车案件 214 起，处罚 213 起，罚款 51950 元。

2. 加强源头监督，督促企业合法经营

成立企业检查专班，对网络预约出租车平台公司进行检查，对检查发现的违法违规经营行为一律依法依规处罚。整治前，大方县网约车公司 18 家，网约车 649 辆。整治中，发现部分网约车公司管理不到位、监管不力，有的已不具备经营条件，甚至存在重大安全隐患不能整改。注销了不具备经营条件的网约车公司 8 家，吊销 1 家存在重大安全隐患、不能整改的网约车公司经营许可证。整治后，全县有网约车公司 9 家，网约车 614 辆。

工作中存在的困难主要有：执法取证困难；有关网约车管理法律法规有待完善，没有较为明确的处罚规定。为此，需要进一步从以下方面加强：一是严禁网络预约出租车平台公司未取得经营许可擅自从事经营活动；二是严禁违反《网络预约出租汽车运营服务规范》规定，违规派单；三是严禁变相从事班线客运以及巡游出租车模式经营活动；四是严禁网络预约出租车常驻异地从事经营活动；五是严禁未取得《网络预约出租汽车运输证》《网络预约出租汽车驾驶员证》的车辆、驾驶员从事网络预约出租车经营活动；六是严禁网络预约出租车违反疫情防控要求进行经营；七是严禁网络预约出租车损坏或关闭监控装置进行运营；八是严禁网络预约出租车运营中超员、超速；九是严禁网络预约出租车私自开展定点非法营运。

三　下一步工作展望

一是建立健全行政执法司法、检查、纪委联动制度，同时以传统监督方式为主，继续探索新型监督方式，逐步提升行政执法监督质效。

二是强化行政执法人员、执法监督人员培训，通过明确年度培训时长、组织开展模拟执法、观摩庭审、以案释法等手段，不断提升执法监督队伍能力，配齐配强执法监督人员，科学引入社会力量参与执法监督工作，切实搭建内外联动、专群结合、优势互补、双向互动的执法监督体系。

三是围绕试点工作方案，查漏补缺，加大对试点工作经验亮点挖掘力度，尽可能提炼出可复制、可推广的经验做法。

黔西市全域推进行政执法协调监督
工作体系建设

根据贵州省司法厅《关于在毕节市开展行政执法协调监督工作体系建设试点工作的通知》和《毕节市开展行政执法协调监督工作体系建设试点工作任务分解表》的部署与要求，黔西市被选为承担全域推进试点任务的县级单位。在前期创建法治毕节示范区建设的基础上，黔西市克服重重困难，重点在机构设置、队伍建设、内外联动、部门协调等方面开展大量工作探索。其做法与取得的成效对进一步全方位推进行政执法协调监督工作具有一定的借鉴意义。

一　主要举措

（一）加强组织领导，整合优化专职队伍

黔西市党委、政府高度重视试点工作，第一时间制定了《黔西市行政执法协调监督工作体系建设试点工作实施方案》，明确试点工作的整体目标，分解各项任务，明确具体落实措施和时间进度。成立黔西市行政执法协调监督工作体系建设试点工作领导小组；整合黔西

市司法局精英人员，配齐配强行政执法协调监督力量，强有力地推进行政执法协调监督工作体系建设工作；在进行科学测算的基础上，对县司法局执法监督工作机构设置和人员编制进行调整充实，在系统内部优选四名同志充实到行政执法协调监督股组建工作专班，负责统筹协调指导各单位全面推进行政执法协调监督体系建设试点工作，从县司法局层面实实在在加强行政执法协调监督工作力量。

（二）建立协作机制，畅通执法渠道

在全面推行行政执法协调监督体系建设过程中，黔西市水务局根据行业特点，建立协作机制，全方位开展护河活动，全民监督执法，提升基层执法监管水平。

1.落实三重保障机制，加强执法队伍建设

一是人员保障。将基层带编制的乡镇水利站人员调整到水务局，成立 8 个片区水务站，由市水务局直接管理，同时也接受辖区乡镇管理；将原水政监察大队升格为副科级水务综合行政执法大队并增加编制，下设执法中队；成立河湖长制工作站并落实编制。

二是经费保障。将人员、经费向片区水务站倾斜。工程建设管理费、财政返还的水土保持补偿费及水资源费等用于水土保持管理机构和水务执法工作，解决基层水务站工作经费问题。

三是装备保障。水务执法具有很强的行业特性，在经费有所保障的基础上，在上级业务部门的支持下，片区水务站和执法中队合署办公，确保基层水务人员办公场所固定化、办公设备现代化。保障水政执法车辆、执法仪、执法移动设备、无人机等执法装备跟上执法需求。

2.在执法过程中建立联合执法网络

对于水务部门不能单独处理完成的涉水违法案件，提请市级河长

召开联席会议，组建由公安、农业农村、自然资源、交通等部门有执法资格人员组成的联合执法行动组，对违法行为进行依法查处。

（三）探索案卷评查监督新模式

案卷评查是行政执法协调监督工作中的重要监督手段。黔西市在试点工作中探索出伴随式监督与后续式监督有机结合的经验模式。其主要做法值得借鉴。

一是严格落实每年开展两次行政执法专项监督行动计划，深入开展案卷评查，督导检查各部门全面推行行政执法"三项制度"情况，现场评查被检查部门行政执法案卷，查看贵州司法云平台执法监督板块相关信息录入情况，贵州政务服务网"双公示"公示情况。2022年1月，组织公安局、市场监管局、综合执法局、生态环境局等14家重点执法单位在黔西市司法局开展行政执法案卷交叉评查工作。成立了1个评查指导组、7个交叉评查组开展工作。每个交叉评查组由两个行政执法部门各派一名法规股同志、执法骨干组成，进行组内互评，共评查卷宗52卷。经各单位互评：优秀卷宗21卷，良好卷宗31卷。2022年以来，通过案卷评查、伴随式监督、后续式监督发现有关执法部门行政执法行为涉嫌违法或者不当的，共向相关部门发出《行政执法监督意见书》6份，各相关部门针对存在的问题，扎实开展整改工作，取得了明显成效。同时将行政执法监督事项纳入法治政府建设示范创建督导内容，2022年黔西市9个法治政府示范创建督导组对黔西市各行政执法部门2020～2022年行政处罚台账和执法案卷进行行政执法监督检查，并针对共性问题向各单位印发工作提示单，要求在时限内完成整改。

二是根据市领导安排，开展执法监督工作。2022年8月，由司法局主持召开针对黔西市货车入城专项整治会，要求交警、交通、综合执法、卫健、住建、生态环境各部门根据各自职能提出有效可行意见建议，强化对大货车进城管控。9 月 13 日，再次召集相关部门反馈整治情况，主要涉及路段限速、限吨位、限时标志，已在全市城市道路关键和醒目位置公示；交警、交通、综合执法已组建专班对相关路段进行常规巡查。贯彻落实上级部门关于特殊时期特殊行业的行政执法监督安排部署，为全面落实《司法部关于推动严格规范公正文明执法为疫情防控工作提供有力法治保障的意见》文件精神，9 月 14 日，黔西市司法局召开执法监督协调会：重点督导市场监管、卫健、交通运输等重点部门在实施交通检疫等法定防控措施过程中，查处利用疫情囤积居奇、哄抬物价、牟取暴利等违法行为是否坚持过罚相当；是否综合考虑违法行为的性质、情节、社会危害程度以及执法相对人的悔过态度等情形，依法给予相应处罚；是否存在同事不同罚、处罚畸轻畸重、显失公平公正、过度执法等情形。

（四）打造全方位协调监督模式

1. 加强内部监督

黔西市司法局选取重点执法部门，开展不定期全过程介入监督，现场指导纠正行政执法中的不规范行为。重点对行政执法行为和执法程序是否规范、法律适用是否正确、自由裁量是否适当，实施行政处罚、行政强制措施的方式、依据和程序是否合法合规等进行监督指导。

2. 加强社会面监督

一是印发《黔西市司法局关于设立行政执法监督联系点和聘请行政执法社会监督员的通告》并在黔西市司法局门户网站公告，根据实际情况设立监督联系点，聘请热心执法监督事业，且具备一定行政执法业务水平的人员作为社会监督员。

二是根据《毕节市行政执法协调监督专家管理办法》有关规定，遵循专业、敬业等原则，印发《黔西市关于聘请市人民政府行政执法协调监督专家的函》，聘请人大、检察院、司法局及部分执法部门具备行政执法专业水平的人才，作为全市第一批行政执法监督专家，组建黔西市行政执法协调专家库，为全市行政执法协调监督工作体系建设试点工作提供强有力的智力、人力保障。

三是严格落实行政执法协调监督投诉处理举报电话。2021 年 11 月 16 日，在黔西市司法局门户网站公布《黔西市司法局关于公布行政执法监督投诉举报电话的公告》，公布全市 61 个行政执法部门执法监督投诉举报电话，加大社会各界对行政执法监督部门监督力度。对群众反映强烈的行政执法相关问题进行协调监督，对行政执法过程中存在问题的案件提出整改意见，对违规违法的案件，按行政执法监督立案审批相关程序介入调查处理；认真核实群众反映案件，对不存在问题的情况做好解释工作，妥善化解行政执法与行政相对人之间的矛盾。

（五）打造乡镇（街道）典型，助推基层执法监督体系建设

1. 制定文件

根据毕节市司法局安排部署，制定《黔西市乡镇（街道）行政执法案件移送制度》《黔西市乡镇（街道）协调协作联动机制》，指导试点工作开展。市委编办、市司法局联合举办全市乡镇（街道）综合行政执法业务能力提升培训会，以《行政处罚法》《行政强制法》《行政许可法》等行政法规、行政执法"三项制度"以及行政复议应诉相关内容为主进行；对涉及权限下放的 30 个乡镇（街道）执法人员开展执法培训，主要内容为涉及下放事项的行政执法程序、行政处罚文书制作与填写、案件办理程序、行政执法自由裁量权的法律

法规解读等；市司法局组织各乡镇（街道）负责贵州司法云平台执法监督板块的操作人员集中培训，督促各乡镇（街道）及时按相关流程申办行政执法证；结合实际情况梳理排查各乡镇（街道）执法人员信息维护、学习考试、执法证申领进度，针对存在共性问题印发工作提示单，针对个性问题采取电话沟通等方式，使执法证申领率大幅提升，为基层行政执法协调监督奠定良好基础。

在乡镇行政执法试点建设方面，黔西市谷里镇作了有益探索。黔西市谷里镇作为开展行政执法协调监督工作体系建设的试点乡镇，为认真贯彻落实黔西市委、市政府关于开展行政执法协调监督工作体系建设试点工作的总体部署和要求，全镇积极探索行政执法监督工作新模式，不断构建组织完善、机制健全、监督有力、运行高效的行政执法协调监督工作体系。

2.建立长效机制，强化制度保障

一是根据县司法局部署，成立以镇长任组长的行政执法协调监督工作体系建设试点工作领导小组，设立谷里镇行政执法协调监督工作体系建设办公室，配齐电脑、文件柜、办公桌等办公设施。

二是全镇结合实际，制定《谷里镇行政执法协调监督工作体系建设试点工作实施方案》，并定期召开专题会，及时解决监督体系建设工作中存在的困难，不断推动试点工作开展。为稳步推进行政执法协调监督工作体系建设试点工作，全镇积极探索，结合自身特点，制定《谷里镇行政执法培训制度》《行政执法案件回访制度》《谷里镇行政执法监督制度》等。

3.严格落实行政执法培训制度

一是以专题培训、联合执法等方式，坚持理论联系实际，加大对执法队伍人员、新入职的公务员和科级领导干部的法律业务知识培训，并多次组织参加毕节司法模拟考试，不断提升法律业务知识。

多次开展执法队伍人员业务培训，提升执法人员素质和行政执法水平。

二是严格落实权责清单管理制度。全镇将职权目录、实施主体、法律依据、办理流程等责任主体、责任事项以"一表两单"的形式列举并公之于众，全镇共晒出了9类权力89项，主动接受群众监督，让政府的一切权力都在阳光下运行，让全体干部职工完全明白什么权能用，什么权不能用，让人民群众明白政府管什么、做什么、有哪些职责、有事找哪个部门。让执法者与执法相对人处于信息对称的状态，最大限度减少执法争议，实现高质量行政执法目标。

三是严格落实行政执法案件回访制度。对辖区内的行政执法案件，按照50%的比例跟踪回访受到行政处罚的当事人，更好地督促执法人员在执法时谨慎行使执法权，进一步规范执法行为，不断提升执法水平和执法质量。在全镇对辖区开展的4次行政执法行为回访中，暂未发现辖区内的执法有失当行为。

4. 完善队伍建设，强化监督保障

一是强化职能监督。从人大、综治、司法等站所，抽调4名具备法律知识或从事法律相关工作的工作人员，组建一支行政执法协调监督队伍，完成内设监督机构信息及监督人员信息维护，组织行政执法人员及行政执法协调监督人员进行培训考试，截至2022年底，全镇行政执法人员的执法证已全部申领，4名行政执法监督人员完成了线上学习，正在申领行政执法监督证。

二是强化社会监督。谷里镇拟定并向社会公布《谷里镇关于设立行政执法监督联系点和聘请行政执法社会监督员的通告》，在全镇范围内聘请行政执法社会监督员；组织所有行政执法社会监督员进行培训，提升社会监督员的法律水平。

三是强化日常监督。全镇聘请法律顾问，让其列席谷里镇的重大决策会议，主动参与到行政执法和行政执法监督中来，为行政执法行为"把关"，为行政执法监督"指路"。截至 2022 年底，辖区内所有行政村（社区）均配备了法律顾问，实现了村村覆盖。

四是强化协调监督。谷里镇向市政府申请执法权限 19 项，为做好行政执法监督工作，结合实际制定了《谷里镇协调协作联动机制》。职能站所及时将案件线索和案件向行政执法监督办公室移送，实现资源共享、信息互通，切实履行好对行政检查、行政强制措施等事中事后监管职责。

5. 广泛接受监督，推动高效运行

一是抓好"三项制度"落实。谷里镇截至 2022 年底配有执法记录仪 9 台，保证了执法全过程记录；对所有属于政务公开范围内的内容均在镇村公开栏、谷里镇官网上进行公示，同时对所有处罚案件都挂网公开，主动接受广大群众和相关部门监督；对行政处罚的适用法律条款、处罚额度、自用裁量权适用情况等严格开展法制审核。

二是设立举报热线和意见箱。设立公布了电话举报热线，并在各村（社区）设置了意见箱，积极发动群众参与到行政执法行为的监督中来。

三是建立行政执法协调监督人员信息公开栏。将《贵州省行政执法监督办法》、谷里镇行政执法协调监督人员信息和谷里镇行政执法协调监督工作流程图整理在公开栏上进行公示，坚持用制度管权管事管人，切实解决当前行政执法监督中难以监督、不敢监督、不懂监督的问题。

总结谷里镇的做法，其主要特点是在整个试点工作中，自上而下抓住了行政执法的主体、程序要素进行重点突破。主体主要是针对业务素质不高的基层执法人员来加强培训；程序上注重公示公开及回访工作，将权责清单、执法要素等公之于众，让行政执法相对人明明白白、清清楚楚。争议与否，都能按照法律法规来进行，极大提升基层执法质量，也为基层社会治理提供了可借鉴经验。

二 全域推进试点任务初具成效

（一）行政执法协调监督基层力量得到提升

建立行政执法协调监督人员培训、行政执法人员培训等制度，全面提升全市行政执法监督人员和行政执法人员专业素质。高质量推进执法证和监督证申请办理，指导各乡镇（街道）完成执法人员信息维护、规范市直各执法部门执法人员执法证申领及换证。指导各乡镇（街道）内设监督机构及监督人员信息维护，同时完成乡镇（街道）司法所监督人员信息维护；指导市直执法部门完成内设监督机构和监督人员信息维护。确保执法人员主体资格适合性，进一步保障执法程序合法性。

黔西市直各执法部门明确行政执法监督机构配备执法监督人员2名以上；乡镇（街道）司法所代表司法局负责区域内行政执法协调监督工作，同时负责指导各乡镇（街道）有效整合人力资源，选配政治素质高、业务能力强、具备法学和法律专业背景的人员作为乡镇（街道）行政执法协调监督工作人员。上述举措使得基层行政执法协调监督力量得到较大提升。

（二）全民执法机制进一步健全

以河湖长制为例，黔西市统筹河湖长、林长、路长和护河员、护林员、道路保洁员等力量，开展河湖长制"进党校、强素质，进机关、强履新，进乡村、强监管，进社区、强示范，进学校、强引领，进企业、强服务，进目标、强激励"的"七进七强"工作，畅通问题反映渠道。聘请热衷于水生态文明建设的"两代表一委员"为"民间河湖长"，建立河湖义务监督员队伍。发挥妇联、团委组织优势，聘请一批河湖联络管理"水妈妈""水小青"志愿者，监督举报涉河湖违法行为，构建起全民护河新格局。

（三）行政执法协调监督力度进一步加强

根据《黔西市司法局关于设立黔西市第一批行政执法监督联系点和选聘黔西市行政执法社会监督员的通知》，通过自主报名和单位推荐等方式、考察研究等程序，黔西市设立了毕节市第一批行政执法监督联系点17个，选聘市级行政执法社会监督员17名，聘期均为2年，可以连续授牌（聘任）。

认真处理行政执法协调监督投诉处理举报电话。对收到的群众投诉举报，均已按相关程序办理，并回复当事人办理结果。敢于公布行政执法监督投诉举报电话是一个大胆而有效且务实的举措，说明政府各部门将接受人民监督的工作落到了实处。有底气的同时也说明执法者对自己的执法行为正当性、合法性更加自信，对相关业务工作更有把握。

三 存在的问题及对策建议

存在的主要问题首先是基层执法监督人员素质参差不齐、业务知识有待提升。执法监督人员大多是非法学专业，法律知识储备薄弱，不能完全适应新形势的需要，不能充分发挥好执法监督员的作用；有的监督者积极性、主动性不够，不想监督或不愿监督；监督过程中存在形式大于内容的现象，避重就轻，对触及的问题往往就事论事，不深入调查研究。

其次，执法监督人员的编制问题需要进一步解决。没有编制首先意味着没有执法监督权（非社会监督人员），如果长期不能解决编制问题，会出现执法主体争议并导致人员流失。

针对上述问题，黔西市要在以往工作经验和已取得成效的基础上加强对人才素质培养和人员编制方面的工作。

一是继续强化组织领导的核心作用。强有力的领导核心是高效开展各项工作的最重要保障，发挥着推进全域行政执法协调监督工作试点的指挥棒作用。

二是完善多重保障机制，建立健全各项制度。包括人才培养机制、人员编制等。可采取"请进来"和"送出去"相结合的培养方式，加大财力、物力等方面的投入。

三是充分利用大数据技术和信息化手段。大数据技术和信息化手段的应用能为行政执法和协调监督工作带来极大的帮助。在保证基础数据正确录入的前提下，能最大限度保障执法程序的正义，也为行政执法的协调监督工作带来最客观的评价，减少不必要的纷争，实实在在提高行政执法水平，保障行政相对人的合法权利。从加强技术硬件这个方面来弥补目前执法人员执法质量欠缺的问题。

金沙县的行政执法协调监督

金沙县作为毕节市开展行政执法协调监督体系建设试点县，在以往法治建设工作基础上，结合自身特点，采取积极举措，开展了一系列行政执法协调监督机制创建工作。金沙县按照毕节市建设行政执法协调监督体系试点方案的分工，主推行政执法"三项制度"平台建设工作。自2022年6月以来，全县在有限时间内迅速反应，在组织建设、制度建设、队伍建设、平台建设等机制体制方面采取积极措施，取得了一定成效，其做法和经验对进一步深化和完善行政执法协调监督体系建设具有启示意义。

一　主要做法

（一）强化组织领导，彰显行政执法协调监督体系建设工作决心

根据试点工作要求，成立以县委副书记、县人民政府县长任组长，县委政法委书记和县人民政府分管副县长任副组长，其他相关单位负责人为成员的试点工作领导小组。成立工作专班，县司法局局长任专班主任，分管副局长任专班副主任。克服基层工作人员工作量

大、人员不足等困难，由乡镇司法所工作人员与行政执法监督股人员共同负责体系建设试点工作。从组织领导和人员配备上保障试点工作落实到人头。

（二）建立健全制度，确保行政执法协调监督工作有章可循

金沙县根据试点工作要求，首先建章立制，做到有章可循。清理有违公平的行政规范性文件，及时更新行政执法信息公示平台，健全对涉嫌违法的企业和人员的财产处置规则，依法慎重决定是否采取相关强制措施。随后印发《金沙县开展行政执法协调监督工作体系建设试点工作方案的通知》（金委办字〔2022〕74号），明确总体要求、试点范围、目标任务、实施步骤和保障措施；制定《金沙县行政执法监督检查实施方案》，以行政执法"三项制度"作为行政执法监督工作的总抓手；建立《金沙县行政执法协调协同工作制度》，明确执法争议的协调方式、程序、时限，切实解决跨领域、跨部门综合执法争议协调、跨地域争议协调和乡镇（街道）综合执法协调等热点、难点和痛点问题，确保行政执法协调协同机制依法有序运行，防止执法部门之间相互推诿和工作脱节，基本建立起行政执法协调机制；制定了《行政执法与刑事司法衔接工作规定》《纪检监察与行政执法监督衔接机制》，强化与纪检监察部门、公安机关、检察机关等单位的沟通衔接，健全行政执法衔接机制；建立《行政执法统计年报制度》，明确执法年报的报送时间、内容、公布形式等，保障人民群众对行政执法的知情权、参与权、监督权。充分发挥行政执法工作报告和执法统计分析作用；制定了《金沙县综合行政执法局推广应用贵州省行政执法"三项制度"工作平台试点工作实施方案》，为信息化服务行政执法协调监督工作、提高工作效率做了有益尝试。

（三）加强队伍建设，保障行政执法协调监督工作高质量运行

一是选优配强行政执法监督队伍，解决行政执法监督力量薄弱、监督乏力的问题。依托现有资源，以乡镇司法所、综治中心、县直各部门法规股室等机构为主要力量，进一步加强基层行政执法监督队伍建设，积极对整合后履行执法监督职责的工作人员进行培训考试，并申领行政执法监督证，延伸监督触角，为今后的乡镇行政管理体制改革及行政执法监督工作全覆盖打下坚实基础。

二是健全行政执法社会监督员队伍。根据《金沙县建立行政执法人民监督员制度的实施方案》，邀请人大代表、政协委员、专家学者、新闻工作者、法律顾问、公职律师，熟悉乡镇工作的网格员、法律明白人等同志担任行政执法人民监督员，参与行政执法监督、专题调查研究等工作，发挥外部力量的作用，协助做好行政执法协调监督工作。

三是健全行政执法协调监督人才库。根据《中共金沙县委全面依法治县委员会办公室关于成立金沙县行政执法案件评审专家库的通知》，采取外聘与内部选聘相结合的方式，成立专家库。通过发挥行政执法监督工作业务能手以及人大代表、政协委员、专家学者等的作用，针对重点执法部门、重点执法领域，开展专项监督活动，提升执法监督效能。

（四）加速信息化建设，打造行政执法协调监督机制智慧样板

金沙县在此次行政执法协调监督体系建设试点工作中，重点尝试行政执法"三项制度"平台建设工作。目前主要是依托省司法厅拟

建设的全省统一的贵州省行政执法"三项制度"工作平台开展试点测试工作。为此，专门制定《金沙县综合行政执法局推广应用贵州省行政执法"三项制度"工作平台试点工作实施方案》，明确试点工作目标、试点范围、试点任务、实施步骤等内容，为试点工作奠定良好的制度基础。平台的搭建由"云上贵州"大数据平台公司提供技术支持，技术专家就执法平台的基本情况、运行流程等内容进行技术讲解，金沙县综合执法局结合讲解内容，根据行政执法工作实际需要及法律法规修改等具体情况，组织工作人员对行政处罚事项逐项进行细化梳理，明确每一个具体处罚事项案由、工作流程，编制处罚流程文书格式，确保信息录入数据基础。省司法厅为平台建设提供设备支持，省厅为金沙县综合行政执法局配备了 9 套行政执法终端设备，对执法人员开展了"三项制度"政策的专项培训，派驻人员到综合行政执法局对系统运营维护进行定点服务。截至 2022 年底，综合行政执法局已正常使用该平台开展行政案件办理工作，所有行政处罚案件均通过此系统进行办理，大大提高了执行工作效率。

二　法治政府建设示范县创建初具成效

（一）"三项制度"建设不断完善

自 2021 年被确定为贵州省第一批法治政府建设示范县以来，金沙县委县政府高度重视全县法治政府创建工作，有效发挥先进典型标杆引领、辐射带动作用，推动全县法治政府建设水平整体提升，为建设更高水平法治贵州做出贡献。

结合行政执法"三项制度"要求，根据《中华人民共和国政府信息公开条例》（国务院令第 711 号），出台《金沙县公众参与行政决策工作制度》，对公众参与行政决策的范围、方式等作出明确规定，确保涉及社会公众或组织的切身利益或者对社会有重大影响的具体行政行为在作出正式决定之前，充分听取社会公众意见和建议，这既保障人民群众的知情权、参与权、表达权、监督权，也是提高政府工作透明度、加强民主政治建设和坚持依法行政的深刻体现。制定了《金沙县综合行政执法局行政执法全过程记录制度实施方案》，对案件办理过程中的亮证、取证、告知、处罚等案件办理全过程记录推行音像记录，严格按照市级部门推行执法全过程记录制度阶段任务分工，进一步明确细化推行工作时限和任务。加强行政执法监督检查，定期对各中队现有执法记录工作的现状和执法记录仪、视频音频设备使用管理情况进行检查督查；规范和加大综合执法工作的自查督促力度；加强对执法档案、卷宗的管理、评查等工作。根据《贵州省重大行政执法决定法制审核办法》，制定了《金沙县综合行政执法局重大行政执法决定法制审核办法》，明确重大行政执法决定的法制审核流程，为法制审核工作提供制度保障。制定了《金沙县综合行政执法局协管员管理制度》，规范执法辅助人员管理工作，明确了协管员的适用岗位、身份性质、职责权限、权利义务、聘用条件和程序。

（二）执法监督机制得到增强

一是行政执法主体资格管理得到加强，特别是构建起乡镇（街道）行政执法监督机制。经清理，全县 25 个乡镇（街道）和 49 个执法部门具有行政执法主体资格，清理审核全县有持证人员 1198 人，完成行政执法证换证 486 人，组织行政执法培训，完成新申领证件办理 335 人，清理注销证件 35 人。在积极推进经济发达镇行政执法体制改革工作过程中，沙土镇被选为乡镇行政执法协调监督机制建设重点推行乡镇。经县司法局指导，沙土镇新申领执法证行政执法人员

11 人，确保行政执法主体资格合法；组织各县级行业主管部门共同赴沙土镇开展了专题培训和业务指导，提高基层执法人员的业务水平，奠定了执法事项下放承接准备工作基础。

二是乡镇（街道）综合行政执法协调联动机制进一步完善。根据《关于建立沙土镇综合行政执法协调联动工作机制的通知》，沙土镇与各执法部门通过加强信息资源共享、部门联动协作、业务指导和技术保障等方式加强了沙土镇与县直执法部门间的沟通协作。案件投诉举报制度、执法协助制度、争议协调制度、行政执法与刑事司法衔接制度等制度体系的建立完善，进一步保障了行政执法协调监督工作落到实处。

三是行政执法监督联系点成为监督工作联系纽带。明确沙土镇人民政府和贵州辅治律师事务所为本县行政执法协调监督工作联系点，同时推荐沙土镇人民政府为毕节市行政执法协调监督工作联系点，畅通了信息沟通渠道，实现了行政执法全流程协调监督。

四是全县各乡镇（街道）、县直各执法部门对行政执法投诉举报制度的公示和大力宣传，使行政相对人明白投诉举报的内容、程序、时限、处理等内容，同时通过公布投诉举报电话，进一步增强了群众对行政执法监督的力度。

（三）营商环境不断优化

民营企业是推动社会经济发展的重要力量，也是当地财政收入的重要来源。为民营企业提供良好的法治环境，需要深化简政放权、放管结合、优化服务改革，深化"放管服"改革，优化行政许可事项，全面推行"双随机、一公开"监管。实行行政许可事项清单管理，开展各类变相审批、重复审批和不必要审批与许可等违规审批专项清理整治工作，持续深化简政放权，助推经济社会高质量发展。

行政执法部门不断优化和创新行政执法方式，推广"说理式"执法，让各市场主体感觉非强制性执法既有力度更有温度。市场监督局、税务局等与民营企业发展关系较为密切的部门依法行政工作水平不断提升。全面推进严格规范公正文明执法，税务部门通过深入推行行政执法"三项制度"，提升对税务行政执法信息公示平台、执法全过程记录平台、法制审核模块的应用水平，使行政执法程序得到进一步完善。通过"事前预警+事中提醒+事后监督+整改问责+长效机制"全链防控机制，开展决策、执行、管理、服务、结果"五公开"等工作，增强了对行政执法的制约和监督。2021年，税务局出庭应诉1次，法院二审裁定驳回原告起诉；全年无税务行政复议应诉工作，有效化解了社会矛盾纠纷。市场监管部门依托应用系统平台监管新方式，强化对行政执法的监督工作。应用"互联网+监管"平台，已完成行政职权事项录入系统，为新的执法方式奠定基础；完成权力清单、责任清单的清理工作，并进行更新和公示，相关数据已录入"互联网+监管"系统，实现监管方式科学化。行政执法部门执法工作的规范化、法治化、信息化及科学化对行政执法行为的监督更为客观、及时和全面，在减少因执法人员缺失、执法水平不高所带来的负面影响的同时，还提升了政府各部门整体执法水平、工作效率，更好地实现对各种所有制经济的平等保护，更好地服务市场主体，为民营企业营造良好法治化营商环境。

随着行政执法程序日趋完善，行政权力的监督力度逐渐加大。通过行政执法"三项制度"、行政执法案卷评查等工作的推进落实，行政权力将充分展现在人民和各方监督之下，行政监督体系更加完善，行政执法行为日趋规范，执法水平进一步提高，经济发展环境进一步改善，有力推动政府各项工作的开展，营造了公平、有序、平安、和谐的市场经营环境。

三　经验与启示

（一）坚持党委政府领导

组织领导、统筹发展、集中力量办大事。毕节市行政执法协调监督工作体系建设试点工作是为了落实习总书记提出的"加强省市县乡四级全覆盖的行政执法及协调监督工作体系建设，强化全方位、全流程监督，提高执法质量"要求，是建设高水平行政执法体系的必然要求，是法治毕节建设的必然趋势。在试点过程中党委政府高站位谋划部署，一级抓一级、层层抓落实的组织架构和领导责任体系是试点工作得以在短时间内有序开展的组织保障。

（二）坚持重点突出，全力以赴

金沙县在本轮行政执法协调监督体系建设试点工作的重点是行政执法"三项制度"平台建设。

一是制定《金沙县综合行政执法局推广应用贵州省行政执法"三项制度"工作平台试点工作实施方案》，通过制度明确试点工作任务，确保各项工作得以贯彻落实。

二是加强基础数据收集。金沙县综合执法局根据行政执法工作实际需要及法律法规修改等具体情况，组织工作人员对行政处罚事项逐项进行细化梳理，明确每一个具体处罚事项案由、工作流程，编制处罚流程文书格式，确保信息录入数据准确。

三是建设执法系统平台。经过前期的平台搭建、专项培训、定点服务工作，目前综合行政执法局已正常使用该平台开展行政案件办理工作，所有行政处罚案件均通过此系统进行办理。实践证明，全县行政执法能力进一步提升，执法行为进一步规范，项目的建设对行政执法主体、人员、行政执法案例、行政执法监督管理等数据的规范统一有重要作用。

（三）持续发挥现代化、信息化技术的应用

金沙县人均 GDP 连续五年位列毕节市前茅，县域经济稳中向好，各类示范点建设落地金沙，对金沙县基层社会治理能力提升是挑战也是机遇。如何妥善解决交叉执法、重复执法、监管缺位等执法"痛点"；如何提升基层执法效能、推动基层社会治理能力现代化，有效提升现代城市治理水平；如何强化行政权力制约和监督，统筹推进法治政府、法治社会一体化建设等都是深入推进平安金沙、法治金沙建设所面临的重大课题。经过法治毕节示范创建到法治毕节试验区的实践，我们已经看到了数字技术、信息技术等现代化、智慧化手段在社会治理、在政府行政执法及执法监督方面所发挥的优势作用。政府应该继续加大这方面的财政投入，拓宽技术应用的层面和层级，有效控制行政执法过程中执法主体主观因素造成的负面影响。

行政执法能力是社会治理能力的重要体现。充分发挥数据对政府管理、服务、运行的深度赋能，提升政府治理体系和治理能力现代化建设水平，着力构建数字化社会治理服务体系，完善开放共享的网格化管理、精细化服务、信息化支撑治理服务平台。

织金县的行政执法协调监督

在毕节市统一部署和持续指导下，与其他 6 个县市同步，2022 年 7~10 月，织金开展了行政执法协调监督工作体系建设试点工作。其间，完备机构、明定职能、健全制度、强化监管等多项措施有序实施、稳步推进，探索积累了一批实效经验，试点达到了预期目标。

一　行政执法协调监督试点的主要举措

2022 年 7 月初，织金于市试点动员部署会后，首先抓好先期思想准备，设立了"县行政执法协调监督"微信群，将市试点文件发布其上，要求各相关部门提前思考，主动谋划。7 月 20 日，县试点工作领导小组成立，布置周密、分工适合的试点实施方案及任务分解表制成下发。

（一）健全行政执法协调监督的机制体制

根据《贵州省行政执法监督办法》，各级政府及其职能部门中，内设的法制机构负责执法监督专项事务。

试点中，织金进一步落实上述规章的规定，确保有机构履职、有人员做事。作为政府的法制部门，一方面，县司法局明确下设的"行政执法协调监督股"具体分管日常监督事宜，并配备人员 3 名（含兼职 1 人）；另一方面，督促全县执法机关加紧确定各自的监督机构及人员。

行政执法"三项制度"是执法监督的重点领域。司法局积极推动各执法机构普遍建立"三项制度"。截至 2022 年底，在县政府网站的"双公示"平台上，各部门都已将其执法主体、权限、依据、程序等信息全面公开；全过程记录制度在各单位执法中基本做到落实；大部分机关制定了重大执法决定法制审核目录清单。

在行政执法证管理方面，鉴于少数乡镇（街道）和县直部门迄今未曾申领或换发，面临执法不合法的风险，2022 年 3 月以来，司法局试行执法证办理情况月通报制度，加强督促，同时也将办理程序予以简化明晰。

（二）开展执法协调监督的业务培训

为提升执法监督水准，2022 年 2 月下旬，司法局组织全县 33 个乡镇（街道）司法所所长及本局协调监督股开设了 1 期业务培训班，内容包括行政执法监督的含义、重大行政决策和执法决定的合法性审查、规范性文件备案审查、执法资格证管理、执法规范化建设等方面。

8 月初，随着试点的进展，司法局就以上人员再次举办全体培训。课程围绕《行政处罚法》《贵州省行政执法监督办法》《贵州省行政执法过错责任追究办法》等法律与规章、织金执法监督协调工作现状及下一步计划等进行讲授和研讨，着重分析了当前执法监督中的重点与难点，详细论述了执法监督主体和人员资格的审查要领。通过这两次培训，基层执法监督队伍的业务能力获得了明显提高，为执法监督向乡镇一级延伸打下了坚实的根基。

（三）加强行政执法的日常监督和协调

2022 年，依据《毕节市行政处罚案卷评查参考标准（试行）》，司法局进行了多次行政执法案卷评查工作。其一，组织 14 家执法部门自评自查 1 次，各部门评选提交了优秀执法卷宗；其二，组织上列部门的法制机构负责人、执法机构负责人及单位法律顾问参加的部门间交叉评查 1 次；其三，组织各部门参加县区交叉评查 1 次，全县共评查执法卷宗 60 卷，其中优秀卷宗 14 卷、合格卷宗 38 卷、不合格卷宗 8 卷。针对发现的问题，各机关立行立改；一时难以整改的，也都提供了合情合理的说明。

在对行政裁决、证明事项告知承诺制的监督方面，根据县政府办公室"行政裁决权责清单"和《织金县实行告知承诺制的证明事项目录（2022 年版）》，司法局实行月报制度。年初以来，已汇总上报 8 次月统计数据（9 月因新冠疫情影响未统计）。

投诉举报是人民呼声的最直接反映。司法局严格执行《毕节市行政执法投诉举报处理办法》，将执法监督和民众权益保障有机结合，努力让广大群众"在每一个行政执法中都能看到风清气正，从每一项执法决定中都能感受到公平正义。"① 年初以来，司法局接到投诉举报及咨询电话 60 余个，登记执法监督案件 2 件。对不属执法监督的事项，告知当事人向主管机关另行告诉；属于执法监督的，纳入台账管理，依法立案调查，收到了较好的社会效果。

---

① 魏哲哲：《让行政执法既有力度又有温度》，《人民日报》2022 年 1 月 12 日，第 5 版。

二　行政执法协调监督试点的工作心得：
"四有一聚焦"

依照《毕节市开展行政执法协调监督工作体系建设试点工作实施方案》，织金被分配了完善执法协调监督保障、加强基本配套保障标准化规范化建设方面的专项任务。

试点期间，县司法局围绕此任务，一方面抓紧制度设计，按期草拟和上报《织金县关于行政执法主体协调协作配合的指导意见》《织金县行政执法协调监督工作基本配套保障标准化规范化建设意见》，[①]另一方面突出实践对策，总结了"四有一聚焦"的特色经验。

（一）有专门机构履行监督职责

试点之初，司法局原本设想经与县委编办沟通协商，统一对全县执法机关通过部门"三定"方案局部调整的方式，明确相关的执法监督职能与机构，以使监督职责法定化。然而具体实施时，发现存在诸多困难，整体机构调整计划无法有效推进。于是，转换思路弱化要求，改作督促各部门在现有编制范围内自行调剂整合，安排明定监督机构。

截至 2022 年底，全县执法机关中，除了特殊部门以及个别机关未能配置执法监督机构，例如市生态环境局织金分局（市集中执法）、新闻出版局（现只拥有行政许可权）、保密局（执法近乎全为

---

① 2022 年 8 月 25 日，毕节市司法局召开"毕节市开展行政执法协调监督工作体系建设试点工作推进会议"，集中讨论制度建设有关事宜。会上，各县区司法局建议，关于试点所涉的一系列制度，统一由市建设，县区负责实施。根据会议要求，织金将已草拟完成的二份文稿作为参考资料报送了市司法局。

内部事项且涉密）、少普镇政府等 4 家，其余 57 个机关均已指定内设的政策法规机构或其他非执法机构作为专职或兼职的执法监督单位，履行监督职责，从而为后续工作的顺利推进提供了正式的体制保障。

司法局还指导和督促各部门于"贵州省司法云"平台适时维护了执法监督机构。

（二）有足量人员行使监督权能

《贵州省行政执法监督办法》第二十六条规定，"执行行政执法监督公务活动时，不得少于两人"，这意味着原则来说每一执法机关需要配备 2 名执法监督人员。经司法局的不时敦促，全县执法机关现已明确监督人员 166 名，员额超出了法定要求。同时，司法局自身也择优补入一位法律职业资格持证人员充实了执法协调监督股。

（三）有合法证件标示监督资质

证件、制服等是执法监督行为的外在资格表征，佐证着公权身份。在司法局组织下，上述各机关 166 名监督人员中，已有 126 人经过专项法律知识培训，通过了"贵州省行政执法培训系统"的考核。其中，104 人向"贵州省司法云"平台申领执法监督证，省司法厅审核通过 71 人，在全市排名前列。

（四）有严谨文书规范监督流程

法律文书搭建着法规文本和执法、司法实务间的桥梁，是行政执法者、执法监督者从事执法及监督活动的重要载体。许多法律法规存在落实效果差的问题，部分缘由即在执法文书的简单粗疏上。

试点伊始，县司法局即向市局提议，由其统一设计执法监督文书。市局采纳了建议，并指令大方县作为执法监督文书范本的实验单位。截至 2022 年底，市局已将制定的各类文书下发，县局正组织人员培训学习，尽早熟悉尽快运用。

（五）聚焦猫场镇行政管理体制改革与执法监督体系建设两项试点相结合

2020 年 12 月，县猫场镇因"行政管理经验丰富、城镇发展潜力巨大、经济发展态势良好"，被毕节市遴选为省经济发达镇行政管理体制改革试点。如今，在上述市试点方案里，此镇又被列作乡镇（街道）行政执法协调监督机制建设试点镇。

针对上述试点的叠加复合情形，司法局基于自身职能，着眼二者的有机结合，通过一审核、二培训、三监督，统筹并举，力争"双促进、两不误"，确保猫场镇各项改革措施运行在法治轨道上。

1. 严守政策文件的法制审核

一是对县政府办公室草拟的《织金县深化经济发达镇行政管理体制改革试点（猫场镇）权力清单和责任清单管理办法》《织金县猫场镇职责准入（退出）制度（试行）》予以严格的合法性审核，确保符合相关的法规政策要求。二是对县直部门拟下放该镇的 119 项行政管理权限指导目录进行审查，确保权责清单合法合规。

2. 紧抓执法队伍的全员培训

猫场镇行政管理体制改革试点中，为破解乡镇"机构散、力量弱"难题，织金遵循优化协同高效原则，实行机构精简，整合现有站所、分局等力量和资源，建立综合执法机构，由镇统一管理，相对集中行使行政执法权。①

---

① 毕节市政府办公室：《毕节市"破解五题"推进经济发达镇行政管理体制改革》，《毕节日报》2021 年 6 月 9 日，第 5 版。

为使综合执法顺畅运转，司法局对镇执法队伍进行了多次全员培训。其一，针对行政执法证办理过程中的执法专门法律知识培训及针对"贵州省行政执法培训系统"规定的公共法律知识培训。其二，根据省司法厅《关于举办全省经济发达镇、乡镇和街道整合审批服务试点执法人员专题培训的通知》要求，组织镇执法人员集体参加了省厅有关专家关于《贵州省行政执法监督办法》、新修《行政处罚法》基本问题解读和行政执法"三项制度"工作实务的专题讲座。

此外，为保证赋予猫场镇的第一批 91 项行管权限（行政处罚权）指导目录落地扎根，放得下、接得住、干得好，县政府办公室牵头，司法局及相关 16 个执法部门对镇执法人员实行了集中和分散的两种培训。在集中培训方面，以授课形式对《行政处罚法》、行政执法"三项制度"、行政执法监督、赋权清单事项执法等进行了讲述。按照分散培训方案，猫场镇可依试点实际需要，联系赋权部门进行跟班学习或提请业务骨干给予现场指导。

3. 强化执法的监督协调

在县级层面，2020 年底以来，织金将猫场镇行政管理体制改革试点纳入县重点督察目录，定期督导工作推进情况，动态追踪县直部门扩权赋能该镇的任务落实状况，跟踪结果计入年度考核内容。[①]

在司法行政事务监管方面，司法局加强对镇综合执法机构的行政执法证动态管理，将业已调离该镇的 2 人以及原属工勤身份的 1 人等 3 人持有的执法证件依法收缴注销；并经资格再审定，为镇现有符合条件的 28 名执法人员办理了执法证，使其能够合法持证

---

① 毕节市司法局：《毕节市"3335"工作模式抓实乡镇两项改革试点工作》，毕节市政府网：https://www.bijie.gov.cn/ztzl/rdzt/bjsfzzfjssfcj/202207/t20220707_75428703.ht-ml，2022 年 12 月 2 日最后访问。

上岗。

最后应提及的是，2022 年 7 月前后，在行政管理体制改革进程中，遵照县政府安排，司法局结合执法协调监督试点工作，代拟了《织金县猫场镇综合行政执法协调联动机制》。这份文件在征求相关部门意见后，经县政府常务会议审议通过，最终以县政府办公室名义印发下达。

三　行政执法协调监督试点的若干思考：
问题及对策

在试点中，织金尽管付出许多努力，取得了一定的成绩，但离建成覆盖县、乡二级"全方位、全流程"的执法协调监督体系还存在很大的差距。这当中，除去基层的事务繁杂、财政比较紧张、干部队伍水平相对有限等约束条件所致外，制度供给的顶层筹划方面也有一些亟待完善之处。

一是提升执法监督法制的位阶。截至 2022 年底，关于行政执法监督领域的法规只有一部政府规章《贵州省行政执法监督办法》，且级别较低，若将其升格到例如地方性法规并辅以相关的制度配套，监督工作力度无疑会得到显著加大。

二是修订执法责任追究法规。现行的行政执法责任追究规范是 2005 年《贵州省行政执法过错责任追究办法》，其部分条款已显得陈旧落伍。例如，第二十七条规定，"行政执法机关及其负责人的行政执法过错责任，由本级人民政府或者监察机关负责追究"。此条所称的"监察机关"是指近年监察体制改革前的行政监察部门，现已撤并至各级地方监委，不复存在。同时，现今监委虽然依据《监察法》有权调查问责行政执法机关的领导人员，却不再能够对机关本身予以

直接的监督，^① 尽管就其廉政建设情况等可以提出不具强制性的监察建议。^②

再如，在以上规章的责任追究规定里，某些"可以"条款在具体执行中容易导致裁量权的弹性过大，缺乏硬性约束。典型的有：第二十五条"具有下列情形的，行政执法过错责任追究机关可以责令行政执法机关限期整改；情节严重的，可以给予通报批评或者取消评比先进资格：（一）作出的具体行政行为在行政复议和行政诉讼中被确认违法或者变更、撤销的比例较高的……"建议修改时，根据违法性程度分类设置法律后果，并将其中的部分"可以"条款修正为"应当"条款。^③

三是具化执法的行政、刑事责任的衔接机制。现有法规在这两类责任的移交协调方面，条文表述比较简略和原则化。比如《贵州省行政执法过错责任追究办法》第二十四条，对于违纪违法的执法行为，若"涉嫌构成犯罪的，移送司法机关处理"。《贵州省行政执法

---

① 参见《监察法实施条例》第四十四条："有关机关、单位、组织集体作出的决定违法或者实施违法行为的，监察机关应当对负有责任的领导人员和直接责任人员中的公职人员依法追究法律责任。"需注意，据该条例第二百零七条，对既非国家机关又不受托公权的企业等社会组织，监察机关享有直接处理权。

② 对比来说，按照现已废止的原《行政监察法》第二十四条和《行政监察法实施条例》第二十六条，其赋予了行政监察部门对行政机关违反行政纪律取得的财物，可以作出没收、追缴或者责令退赔的具有执行力的监察决定。

③ 还可指出的是，《贵州省行政执法过错责任追究办法》第二十三条"行政执法过错行为情节、危害后果显著轻微的，可以不予追究行政执法过错责任"，稍显严苛。可以借鉴《刑法》的处理原则，其第十三条主张："情节显著轻微危害不大的，不认为是犯罪。"再参照《政务处分法》的第十二条，"公职人员违法行为情节轻微，且具有本法第十一条规定的情形之一的，可以对其进行谈话提醒、批评教育、责令检查或者予以诫勉，免予或者不予政务处分。"同是违纪违法的性质，不难"举重以明轻"。倘若需要将其保留，可将上述条款移至第二十四条作为新的第一项，并删除"可以"一词。

监督办法》里，甚至连此种简单规定也付之阙如。又如，虽则《贵州省行政执法过错责任追究办法》载入了行政、监察和刑事案件结案后的执法过错续究要求，以及《政务处分法》赋予了监委关于行政机关对违法执法人员处分问题的督促建议权，① 但各相关部门间的具体沟通接续措施仍待细化填充。

---

① 《贵州省行政执法监督办法》第三十二条规定："行政执法人员的行政执法过错行为构成犯罪、行政违纪的，依法被追究刑事责任或受到行政处分后，仍需要追究行政执法过错责任的，依据有关机关认定的事实、性质和情节进行追究。刑事案件、行政监察案件结案后，涉案行政执法人员未被追究刑事责任和未受到行政处分，具有行政执法过错行为，需要追究行政执法过错责任的，依据有关机关认定的事实、性质和情节进行追究。"《政务处分法》第三条规定："公职人员任免机关、单位应当按照管理权限，加强对公职人员的教育、管理、监督，依法给予违法的公职人员处分。监察机关发现公职人员任免机关、单位应当给予处分而未给予，或者给予的处分违法、不当的，应当及时提出监察建议。"

纳雍县的行政执法协调监督

行政执法直接影响着普通民众的日常生活。以人口（户数）对行政许可的比重为例：2021 年，纳雍县常住人口 71.1 万人，[①] 家庭户数 23.4 万户；[②] 而据县市场监管局的年度报告，本年该局办理行政许可 1.2 万件，其中新增个体工商户 6770 户。[③] 又据《2021 年纳雍县权力责任清单》，[④] 全体县直机关拥有行政许可权 167 项，行政处罚权则多达 2609 项。鉴于行政和民生间如此之深的牵涉，加强对行政执法的监督，可谓是推进法治政府建设的重要组成部分。

2022 年 7~10 月，纳雍在行政执法协调监督试点中，加强组织领导，建立健全体制机制，积极开展日常监管，如期完成了预定任务。

---

① 《县情概况》，纳雍县政府网：https：//www.gznayong.gov.cn/gtny/，2022 年 11 月 26 日最后访问。

② 《纳雍县第七次全国人口普查公报（第一号）》，纳雍县政府网：http：//www.gznayong.gov.cn/xwdt/tzgg/202107/t20210705_ 68910082.html，2022 年 11 月 26 日最后访问。

③ 《纳雍县市场监督管理局 2021 年政府信息公开工作年度报告》，https：//www.gznayong.gov.cn/zfxxgk/zfxxgknb/2021nb/202201/t20220120_ 72354314.html，2022 年 11 月 26 日最后访问。

④ 纳雍县司法局：《纳雍县行政执法监督试点工作推进情况》，2022 年 10 月 21 日。

一 行政执法协调监督试点的主要举措

2022 年 6 月中旬，毕节市行政执法协调监督工作体系建设试点工作动员部署会后，纳雍组建了以县长为组长的试点工作领导小组和下设于司法局负责日常事务的办公室。8 月 11 日，县委办、县府办联名印发了试点工作实施方案，阐明了总体要求，确定了各项工作措施、安排了工作步骤，提出了工作要求，制作了详细的工作任务分解表。其中，以司法局为主要牵头单位，各县直部门和乡镇（街道）作为相关责任单位辅助配合实施。

（一）建立健全执法协调监督的体制机制

行政执法主体的确定与公开是严格、规范、公正、文明执法的先决条件。县司法局作为《贵州省行政执法监督办法》规定的执法监督专职机构，在试点之前，2022 年初即已启动组织全县行政执法单位依照法律、法规及部门"三定"（即定机构、定职能、定编制）规定开展了执法主体资格和职能的确认工作。9 月 16 日，纳雍公布了县乡两级行政执法主体，明确了县级执法主体 57 个（含县委挂牌工作机构 2 个），县级机关的下属单位及派出机构 30 个。

行政执法"三项制度"（公示、全过程记录、重大决定法制审核）是规范执法活动的基础制度。司法局积极督促各行政执法单位贯彻落实执法"三项制度"。其一，执法公示制度，现今所有县级行政执法单位都已借助县政府门户网等平台和渠道开始对其执法信息进行主动公开；其二，执法全过程记录制度，各执法部门增添了执法记录仪装备，建立了案件网上办理制度，有效提升了执法活动的透明度；其三，重大执法决定法制审核制度，现于各单位均已建立起来。

185

实践中，司法局在2次"三项制度"专项督查时，发现个别执法案件没有执法全过程的录音录像，为此发出了严肃的整改建议。

在执法人员持证从业制度上，司法局加强资格管理。一方面，敦促各县直执法部门对所属执法人员进行执法资格重新确认，做到依法履职，执证办案；另一方面，通过"贵州省司法云"平台进行行政执法证以及行政执法监督证的申领，严格把控资质审查，杜绝工勤、劳务派遣、借用等不适格人群的混入过关。截至2022年底，全县执法人员经审核通过1090人，初步达到办证换证全覆盖，确保执法人员资历合规、有证上岗。另外，通过学习与考核，专司行政执法监督的符合条件的监督人员应当配备的监督证也已申领24张。

纳雍还进一步畅通社会监督渠道，力促行政执法的公正与文明。一是在县政府官网及微信公众号上公布司法局行政执法监督的电话、邮箱、地址等联系方式，全面受理群众的投诉举报；二是面向社会公开聘任县行政执法社会监督员，要求政治素质高，法治意识和监督意识强，县情、社情、民情和行政执法工作情况熟等，以期增强执法监督的公信力。

（二）开展行政执法的法治意识和业务能力培训

司法局领衔编纂了《法治政府建设应知应会资料汇编》《纳雍县依法行政工作手册（2022年版）》。手册结合执法实践，图示细化了"行政许可""行政处罚""行政征收""信息公开"等工作流程，为各执法单位增强依法行政意识、熟稔依法行政的具体要求提供了便利的资料指南。在2021年版本基础上，手册特别新添"查处非法占有土地建住宅流程图""城镇规划区内违反规划建筑执法流程图""乡村规划区内违反规划建筑流程图"，这三种流程是当下执法过程中容易出现程序瑕疵的类型，通过从法律法规中提炼"干货"，手册为相关执法部门演示了一套"看得见、对得准"的执法操作标准。

为发挥指导案例的示范、警示作用，有效规范执法裁量权的行使，经各执法部门推荐，司法局从环保、公安、交通运输、市场监管、农业农村等 13 个领域收集了第一批 13 个执法案例。11 月初，《纳雍县 2022 年度行政执法指导案例》编纂发布，内含"贵州青利集团有限公司纳雍王家营青利煤矿行政处罚案"等 11 个。编写体例上，各案例包括基本案情、处理结果、案件解析、指导示范意义等部分，论述了翔实的证据采信、依据适用及决定裁决推断等方面的理由，从而为今后的相关办案执法工作打造了可资参考和借鉴的样板。

法律知识和业务能力的学习培训方面，一是开展"三类人员"法律知识测试 5 次，依托法治政府建设工作，纳雍着重对"2019 年 1 月 1 日以来提拔的科级领导干部""行政执法人员""2019 年 1 月 1 日以来新考录的公务员"等类人群进行习近平法治思想、宪法、公务员法、行政处罚法、行政强制法、行政许可法等政策法规的知识考核，进一步提升他们的法律水平。二是开展综合类培训。年初，司法局围绕执法"三项制度"和行政处罚、许可、强制以及行政复议、行政诉讼、国家赔偿等法律法规，聘请专家对 2 个重点执法单位进行执法培训，受训执法人员 200 多人次。三是开展执法"大练兵""大比武"活动，根据《贵州省行政执法人员大学习大练兵大比武活动实施方案》文件精神，采用"对标先进学""业务骨干讲""线上线下联动学"等方式，全县行政执法单位围绕其中心工作，将学习与职责相结合，深入研习活动方案中"理论武装""党性教育""业务培训"诸板块所述的理论与业务知识。同时，组织各执法部门聚焦执法工作中遇到的热点、难点、疑点问题，开展业务研讨活动，提高执法人员查找、分析和解决问题的能力。

（三）加强行政执法的日常监督和协调

"徒法不足以自行"，制度的生命力在于实施。2022年，司法局积极落实执法案卷评查机制，从全县所有行政单位的行政处罚、行政强制和行政许可类案卷中，随机抽查100余份，组织专家、执法监督人员予以评查，对查出的问题及时反馈，督促相关单位切实整改。

10月中下旬，司法局在全县范围内展开了一次行政执法监督与法治督察工作，内容涵盖：执法主体资格和执法队伍建设情况、执法案件卷宗材料、行政诉讼案件应诉卷宗材料、行政诉讼败诉案件与行政复议被纠错案件整改情况等。重点督察2021年1月至2022年8月间涉及行政诉讼案件败诉责任单位；随机抽查未有行政诉讼败诉案件的乡镇（街道）政府（办事处）、行政执法部门。按照《纳雍县行政错案问责追责工作实施方案》要求，此次检查结果将作为下一步针对行政错案问责追责的重要依据。

司法局还开展专项监督，促进安全生产领域执法质量。2022年年初以来，司法局组织对能源局、应急局、工信局执法培训2次，专项监督1次，并对全部安全生产监管执法人员资格进行严格审查和再筛查。此外，就能源局对若干煤矿企业实施行政处罚14矿次、罚款471.4万元的办案卷宗，司法局进行了专项评查，主要查看执法全过程记录与执法重大决定法制审核情况。同时，指导支持该局制定煤矿安全生产举报奖励办法，充分发挥社会监督作用。

在县委县政府一级，跟随重要时事的变动，针对各执法单位依法履职情况的种种督察也不时进行。例如，《纳雍县司法局简报》2022年8月第1期报道，县委政法委书记率县安全生产"打非治违"第三工作组赴曙光镇、阳长镇实地开展"打非治违"专项工作的督查检查。又如简报 10 月第 1 期载，县委书记、县长联袂率队察访公安局特巡警大队，现场督导夏季治安打击整治"百日行动"。

（四）完成市试点方案部署的规定动作

在《毕节市开展行政执法协调监督工作体系建设试点工作实施方案》里，纳雍承担了行政执法协作、争议协调及行政刑事衔接等方面的制度试制任务。9 月初，《纳雍县行政执法争议协调办法（征求意见稿）》《纳雍县行政执法监督与纪检监察监督协作配合机制实施办法（试行）》《纳雍县行政执法与刑事司法衔接制度（试行）》等文件按期草拟完毕，并上报市司法局审查修正。

另外，根据上述市方案要求，县司法局选取玉龙坝镇作为行政执法观测点，研究乡镇（街道）行政执法规范化建设。在司法局的业务指导下，玉龙坝镇梳理了镇综合执法人员名单，明确了镇执法协调监督机构及人员。截至 2022 年底，经过培训和申领，司法局已为该镇办理行政执法证 20 个，保障了执法主体的资格合法。

二 行政执法协调监督试点的工作亮点

试点中，纳雍探索执法协调监督模式，创制了一些可供深化推广的新思路、新经验。

（一）化解行政执法职责争议难题

行政执法争议的发生可源于执法依据、执法职责、执法协助、联合执法等多种状况下的争执和冲突。针对因执法职责不清而争议的情形，在《毕节市行政执法争议协调解决办法》规定的自行协商和申请协调两种方式的基础上，纳雍提出"立足三定方案，权责清单明确权责"的思路,力求从"源头"上破解这道难题。

自县机构改革以来,应急管理局与民政局、卫生健康局与应急管理局、林业局与自然资源局等几个部门都曾出现过职责合并、分离及交叉的情况。譬如,此前林业局的林地确权、自然资源局的土地(荒山荒地)确权由两家分别行使,机构合并后却产生林地确权"无单位"认领职责的空白现象。鉴于此种种混淆与矛盾,纳雍组织各部门重新梳理和编纂权责清单,要求各部门立足"三定"方案,突出其与相关部门的职责边界,以省市下发的模板作基础,逐项清理比对,扎实明确自身的权限和职责。各部门编纂的权责清单,经司法局合法性审核后,由县政府常务会审议通过印发施行。

(二)完善行政执法协作体系

纳雍不断深化行政执法体制改革,推进跨部门、跨领域综合执法,逐步建立起权责明晰的执法监管体系。各执法单位结合职能陆续出台相关协同联合执法机制,例如《纳雍县市场监督管理局综合执法协调协同联动机制》,其尝试加大涉及生命财产安全、食品药品安全、公共卫生安全、生态环境保护、未成年人保护、知识产权保护、网络违法惩治等关系群众切身利益的重点领域执法力度。

(三)设立行政错案监督机制

为提高行政执法监督与行政复议、行政应诉的衔接配合,降低复议纠错率和应诉败诉率,落实行政错案追责问责制度,纳雍制定了《行政执法监督与行政复议、行政应诉衔接工作制度(试行)》,构建了错案运行监督预警机制,成立了错案评审专家库。

专家库由在行政执法与政府法制一线岗位工作多年的部门业务骨干以及具备法律职业资格且从事法律事务 2 年以上的社会人士组成,

旨在对全县出现的行政错案进行评审、评判和研讨，为下一步执法工作、监督工作、追责问责提供法律支持。截至 2022 年底，专家库已吸纳各类专家 37 名，召开研判会议 1 次。

行政错案预警机制通过对错案数据的严密监管，将预警信息动态反馈给相关单位，督促其及时采取处置措施，以确保各执法部门、乡镇（街道）复议综合纠错率、诉讼综合败诉率和机关负责人出庭应诉率符合指标要求。对被预警部门，司法局还将组织执法监督人员会同专家库人员、社会监督人员进行专项监督，查找原因帮助整改。

在现行错案评审专家库的运行基础上，纳雍还将组建执法监督专家库，为进一步规范行政执法提供充足的专业知识储备。

三 行政执法协调监督试点的困难
和不足及其解决途径

试点期间，纳雍也遇到了一些工作上的疑难与问题，重要的如下。

一是乡镇司法所在执法监督中，工作往往难以取得实效。现行体制下，司法所和驻在的乡镇政府（街道办事处）存在工作交叉，需受后者调度指派，部分司法所还经常接到当地的治安综治任务，这便导致行政执法与执法监督二者间的关系无法有效划清，监督一词也就难免流于表面和形式。

二是社会监督员招募时，城乡群众参与度不强，报名人数较少、质量不高。截至 2022 年底，仅仅聘到了合格人员 3 名，社会监督力量严重不足。

对于这些现存的实际困难，纳雍已经纳入考量，着手妥善加以解决。

按照《贵州省行政执法监督办法》第十三条，行政执法人员、执法监督人员两者必须完全分离，不得兼职。据此，纳雍将完善体制建设，进一步明确司法所的权限与职能，理顺其与乡镇政府（街道办事处）的职权分工，尤其是行政执法和执法监督之间的职责分配，从而为司法所的执法监督工作奠定坚实可靠的基础。

在社会监督方面，将设立种种激励机制，比如颁发奖金与荣誉证书、授予"积极市（乡）民"荣誉称号等，进一步鼓励更多的法律素养高、监督热心旺的民间人士参与进来。

威宁自治县的行政执法协调监督

自毕节市开展行政执法协调监督试点工作以来，威宁县紧紧围绕这一工作部署了一系列的措施，从制度完善、机构设置、专业队伍培养、创新协调监督方式、健全协调监督考评机制等方面全面开展工作并积累了一批具有威宁特色的工作经验和亮点，有效地提升了行政执法的质量和效能，促进严格规范公正文明执法，加快法治政府建设，推进政府治理体系和治理能力现代化，为后续行政执法协调监督工作体系贡献威宁经验。

一 威宁县行政执法协调监督工作主要做法 及其成效

自 2022 年 7 月行政执法协调监督工作开展以来，威宁县严格按照国家、省、市关于开展行政执法协调监督工作体系建设试点工作要求，认真贯彻落实全市行政执法协调监督工作体系建设试点工作动员部署会议精神及《毕节市开展行政执法协调监督工作体系建设试点工作实施方案》，及时组织召开了试点工作动员部署会，印发了《威宁县开展行政执法协调监督工作体系建设试点工作实施方案》，成立了试点工作领导小组，组建了工作专班，高位推动行政执法协调监督工作体系建设试点工作落地落实。

（一）完善设置行政执法协调监督机构

威宁县根据毕节市行政执法协调监督工作体系建设试点工作动员部署会议精神及《毕节市开展行政执法协调监督工作体系建设试点工作实施方案》，充分发挥行政执法协调监督机构统筹协调、指导监督的作用，印发了《关于加强行政执法协调监督机构建设的工作通知》，调度行政执法单位推进行政执法协调监督机构建设。首先整合行政执法部门"政策法规股""法制办"等原有的法制审核机构职能，明确执法部门内设执法监督机构，加挂"行政执法协调监督工作体系建设试点工作领导小组办公室"门牌。其次在基层加强乡镇（街道）人民政府（办事处）内设执法协调监督机构建设，在乡镇（街道）人民政府（办事处）无行政执法权的党政办或综治办中明确内设执法协调监督机构，承担乡镇（街道）行政执法协调监督职能。

在一系列措施的推动下，行政执法协调监督机构得到了完善，行政执法协调监督力量得到了充实。通过在各执法单位加挂行政执法协调监督办公室牌子和明确各执法单位至少2名人员办理行政执法监督证的方式，实现了行政执法监督工作在执法部门有机构承担，有人员负责，填补了执法单位无内部监督机构和人员的空白。

（二）严格规范行政执法协调监督内容

通过深入学习及认真执行《毕节市行政执法监督办法》《毕节市行政错案问责追责办法》《毕节市行政执法监督文书范本》《毕节市行政执法案卷评查标准》等关于规范执法的制度、办法，加大行政执法监督力度，不断推进严格规范公正文明执法。细化措施落实《毕节市全面推进依法行政领导小组关于加强乡镇和街道与县级行政执法部门行政执法案件移送及协调协作工作的指导意见》《毕节市全面推进依法行政领导小组关于进一步完善综合行政执法部门与业务主管部门行政执法协作配合工作机制的意见》，不断加强县级行政执法部门和乡镇（街道）、综合行政执法部门和业务主管部门之间的协调配合，完善制度机制建设，切实提升行政执法质效。严格执行行政执法与刑事司法案件移送的规定，加强行政执法监督和纪检监察、政府督查的协调配合，积极移送有关问题线索，建立了行政执法监督与政府督查衔接配合机制。2022 年 1～10 月，威宁县行政执法刑事衔接移送案件 29 件。

（三）加强行政执法主体和行政执法资格管理

根据有关法律、法规、规章的规定，经县司法局梳理审核确认，并报请县人民政府同意，在县人民政府官网和威宁司法微信公众号上公布了威宁县行政执法主体名单，全面接受社会监督。截至 2022 年底，威宁县共有行政执法主体 114 个，其中政府组成部门 25 个、垂直管理部门 5 个、乡镇（街道）41 个、在县委工作部门加挂牌子部门 3 个、行政机关下属或派出的执法主体 40 个。同时严格按照《贵州省行政执法监督办法》《贵州省行政执法证管理办法》等规定，规范管理行政执法人员资格信息，对行政执法人员资格、证件等实行动态管理。严格把关行政执法证件申领、换发及执法制式服装配发审核工作，确保不存在工勤人员、聘用的劳动合同制人员、劳务派遣人员、借用人员、不从事行政执法工作的人员等不具备行政执法资格的人员申领执法证。动态管理行政执法人员资格信息，适时调整清理退出行政执法岗位人员资格，对退休、死亡、调离行政执法工作岗位等行政执法人员，及时注销并收回行政执法证，保障高质量的行政执法队伍。截至 2022 年底，行政执法证申领和换发均已实现在贵州省司法云平台网上办理。其中，对新申领行政执法证的人员，采取"线上+线下"考试方式申领行政执法证。本年度，共审核行政执法证办理信息 217 人次，其中新申领 140 人次、换证 77 人次；发放执法证件 719 个，其中换证 610 个、新申领 109 个；审核内设执法机构 80 个；执法制式服装配发审核 121 人；因调离执法岗位注销执法证 5 个，因换发收回原贵州省行政执法证 610 个。通过重新梳理和确认，行政执法队伍建设得到了加强，行政执法水平得到了提高。2022 年 1~10 月，共组织开展各类培训 50 余场次，切实对执法人员专业素养的提升起到了积极的促进作用；组织开展了多次知识测试，测试合格率从第一次的 74.5%上升至最近一次的 93.75%，效果明显，同时行政复议撤销率和行政诉讼败诉率达到历史最低水平，依法行政能力显著增强。

根据毕节市的统一安排，各县区分别负责草拟相关制度上报市试点工作领导小组办公室研究印发。试点工作开展以来，共出台《毕节市行政执法人员和行政执法监督人员培训制度（试行）》《毕节市行政执法辅助人员管理办法》制度、办法等 10 余个，根据毕节市开展行政执法协调监督工作体系建设试点工作要求，结合工作实际，威宁县草拟了《威宁县行政执法辅助人员管理制度》《威宁县行政执法社会监督员管理办法》《威宁县行政执法人员和行政执法监督人员培训办法》《威宁县行政执法协调监督专家管理办法》《威宁县行政执法证件管理办法》《威宁县行政执法监督证件管理办法》《威宁县行政执法协调监督人才库管理办法》《威宁县政府督查和行政执法监督衔接制度》等制度，目前相关制度已被市局采纳修改完善后印发。制度机制得到了健全，依法行政工作有了更多制度依据。通过完善行政执法机构和行政执法监督机构、明晰人员、落实责任等一系列措施，行政执法和行政执法监督制度机制进一步健全，依法行政工作有了更多依据和保障。

二 威宁县行政执法协调监督工作亮点、经验

（一）开展多形式多渠道行政执法监督

加强行政执法投诉网络举报建设。县人民政府门户网站和"威宁司法"微信公众号上公布了威宁县行政执法投诉举报方式，全面受理群众的投诉举报。2022 年 1~10 月，共收到行政执法投诉举报电话 30 余次，受理行政执法投诉举报案件 3 件，案件正在办理中。同时建立行政执法社会监督联系点。在教育、医疗、食品等领域中设立了 6 个行政执法社会监督联系点，切实推动行政执法监督工作由"封闭"走向"开放"，增强行政执法监督公信力和权威性。形成线上线下全面覆盖，接受社会公众的全面监督。

（二）大数据统计行政执法监督案件

结合毕节市下发的《毕节市行政执法工作报告和统计分析制度》《毕节市行政执法专项说明制度》《毕节市行政执法案件回访制度》《毕节市行政执法专项监督制度》《毕节市行政执法工作报告和统计分析制度》等相关文件，充分发挥大数据统计分析作用，精准掌握行政执法工作情况。2022 年 1~10 月，组织各行政执法部门开展行政处罚案件回访 1 次，回访行政处罚案件 45 件；组织开展行政执法专项监督 1 次，截至 2022 年底，已到草海镇、公安局等 15 个执法单位开展监督，累计发现问题 40 余个；已开展案卷评查 6 次，评查卷宗

150 余卷；已开展个案监督 3 件。专项监督、个案监督及案卷评查发现问题已督促整改。在此数据基础上分析出下一步工作重点难点，工作计划做到有的放矢。

（三）加强行政执法和行政执法监督人员专业素质培养

将行政执法部门班子成员纳入行政执法队伍，办理行政执法证，带头规范执法。截至 2022 年底，威宁县行政执法部门班子成员 75 人，通过 2 轮测试，已全部通过行政执法资格证申领考试，执法证件正在申办中。加强行政执法业务培训，组织专家轮流到综合行政执法、自然资源等重点行政执法部门和有关乡镇开展培训 6 次，培训人员 400 余人次，帮助解答法律问题 40 余个；县级层面组织开展专题培训 1 次，邀请了市司法局 3 名专家实地授课，各执法单位组织专题培训 50 余场。

在行政执法协调监督队伍建设方面，配齐各行政执法单位行政执法监督人员，县各行政执法部门和各乡镇（街道）配备的从事行政执法协调监督的专职人员不少于 2 人。截至 2022 年底，各行政执法单位配备的人员正在申领行政执法监督证。

（四）编纂发布行政执法指导案例进行宣传教育

为充分发挥指导案例示范、警示、指导作用，规范行政执法裁量权的行使，促进严格规范公正文明执法，威宁县从公安、交通运输、市场监管、农业农村等 13 个领域收集编写了第一批 26 个行政执法指导案例。截至 2022 年底，指导案例正在进行合法性审核阶段，待合法性审核结束后，及时按程序进行发布，切实发挥指导案例示范作用。

（五）形成独特"三建三训三紧盯"工作方式

1. "三建"

一是建立健全行政执法协调监督机构。探索行政执法协调监督机构的设置模式，配备与行政执法协调监督工作职责相适应人员，切实做到行政执法协调监督工作有机构承担、有人员负责。健全县级各行政执法部门和各乡镇（街道）行政执法协调监督工作机构，整合"政策法规股""法制办"等原有的法制审核机构职能，加挂行政执法协调监督机构牌子，明确行政执法协调监督人员具体负责行政执法协调监督工作。截至 2022 年底，各乡镇（街道）、各县直执法部门已明确本单位行政执法监督机构，加挂了行政执法协调监督机构牌子，并明确 2 名以上（含 2 名）在职在编人员申办行政执法监督证，具体承担行政执法协调监督工作。

二是建强行政执法协调监督队伍。选优配齐行政执法协调监督人员。一方面，在县级层面，县委、县人民政府高度重视，于 2022 年 7 月印发了《关于成立威宁县开展行政执法协调监督工作体系建设试点工作领导小组的通知》，通过跟班轮训的方式调剂充实县司法局行政执法监督人员力量。截至 2022 年底，司法局执法监督股工作人员常态化保持在 5 人左右开展执法协调监督工作；另一方面，已配齐各执法单位行政执法监督人员承担行政执法监督工作，县级行政执法部门和各乡镇（街道）配备的从事行政执法协调监督的专职人员不少于 2 人。同时建立行政执法社会监督员队伍。制定了《行政执法社会监督员管理办法》，从县人大代表、政协委员、新闻工作者、法律顾问、熟悉乡镇（街道）工作的网格员、法律明白人等群体中选聘了 30 名行政执法社会监督员。组织行政执法社会监督员参与行政执法监督、专题调查研究等工作，发挥好行政执法社会监督员效果，推动行政执法监督工作由"封闭"走向"开放"，增强行政执法监督公信力和权威性。

三是建立行政执法协调监督专家库和人才库。制定了行政执法协调监督专家库和人才库管理办法，建立了威宁县行政执法协调监督专家库和人才库。截至 2022 年底，威宁县行政执法协调监督专家库专家共 21 人，人员组成涵盖了人大代表、政协委员、专职律师、公职律师、专家学者、法官、检察官、执法骨干等，其中博士研究生以上学历 2 人（贵州民族大学法学院副院长 1 名，教授 1 名），本科学历 19 人；威宁县行政执法协调监督人才库人员共 116 人，由具有法学、法律专业背景或政府法治工作经验的人员组成。统筹协调专家库、人才库成员开展行政执法协调监督相关工作，切实发挥好行政执法协调监督专家库和人才库的职能作用。

2. "三训"

一是双向轮训。一方面是专家"下沉送训"，为各执法单位答疑解惑，根据各单位行政执法事项和行政执法中存在的问题，分层次分行业，有针对性地"送训上门"。截至 2022 年底，已组织专家轮流到综合行政执法、自然资源等重点行政执法单位和有关乡镇开展培训 6 批次，培训人员 400 余人次，帮助解答法律问题 40 余个。另一方面是骨干"跟班实训"，建立了行政执法单位定期选派业务骨干到县司法局跟班实训机制。跟班人员从县直行政执法部门、有关乡镇部门选派，每期跟班培训 3 人，时长不少于 3 个月。截至 2022 年底，第二批 3 名跟班学习人员已到位开展工作，今后将按计划从相关单位选派业务骨干到县司法局跟班实训。

二是专题培训。一方面，县级层面通过开展专题讲座，对行政执法人员和行政执法协调监督人员开展专题培训，切实提高行政执法人员和执法协调监督人员法律知识素养和业务能力。截至 2022 年底，司法局和组织部联合举办了"2022 年度第一期法治政府建设暨依法行政业务培训会"专题培训班，邀请了市司法局 3 名专家实地授课，13 个重点执法部门 100 余人次参训；另一方面，县试点工作领导小组办公室下发工作提示，要求各行政执法部门履行好监督管理的主体责任，制定本部门行政执法人员和行政执法协调监督人员培训计划，结合工作实际，定期开展专题业务培训。截至 2022 年底，各执法单位于 8 月 31 日前自行组织了至少 1 场专题培训，全县各执法单位共组织专题培训 50 余场，1500 余人次受训。

三是以考促训。通过真实考评，树立起"训练有量化、考核有评比"的鲜明动向，通过测试查找短板，倒逼培训走深走实，行政执法人员和行政执法协调监督人员知识测试由县司法局组织；各单位行政执法协调监督机构组织本单位行政执法人员进行知识测试，并结合测试情况，动态调整培训计划，有针对性地开展专题培训，切实提升行政执法人员和行政执法协调监督人员的素质，达到"以考促训"的目的。截至 2022 年底，组织开展行政执法资格申领现场考试 2 期；组织开展知识测试 9 次，测试合格率从第一次的 74.5%上升至最近一次的 93.75%，效果明显；各执法单位自行组织测试 150 余次，并对测试情况进行分析研判，动态调整培训内容，有计划性地开展专题培训。

3."三紧盯"

一是紧盯关键少数强责任抓落实。紧盯各执法部门、各乡镇（街道）主要负责人、班子成员，切实推动行政执法协调监督主体责任落实，推动主要负责人切实落实第一责任人责任，班子成员切实履行"一岗双责"。要求各行政执法部门班子成员办理行政执法证，带头规范执法。截至 2022 年底，组织开展了两期行政执法资格证申领现场考试，执法部门班子成员 75 人，通过 2 轮测试，已全部通过执法资格申领考试；将执法部门领导班子成员纳入本单位协调监督人才库，带头履行行政执法协调监督责任。

二是紧盯履职情况强监督严监管。通过调研式监督、蹲点式监督、督导帮扶式监督、一案一监督等方式开展专项监督。截至2022年底，已启动开展2022年专项监督行动，到草海镇、公安局等15个执法单位开展监督，累计发现问题40余个，专项监督持续进行中；已开展案卷评查6次，评查卷宗150余卷；已开展个案监督3件。专项监督、个案监督及案卷评查发现问题已督促整改。

三是紧盯考核评价强管理促担当。探索制定行政执法人员和行政执法协调监督人员管理考评办法，考评做到量化评分，坚持公平公正公开原则，严格考核考评管理，严格兑现考核结果，对当年度考核不合格的，取消相应人才库或专家库人员资格；对连续两年考评不合格的予以注销执法资格或协调监督资格，考核结果作为年度考核评先选优的重要依据。

（六）"四共"联通各个部门

提出"共享、共商、共同、共用"的信息沟通工作协调合作方法，建立政府督查与行政执法监督信息共享机制，加强政府督查与行政执法监督工作的衔接配合、协调合作。

一是共享线索。建立线索共享机制，行政执法监督承办机构在开展监督检查时，发现行政执法单位涉嫌违反《政府督查条例》有关规定时，将案件线索告知并移送政府督查承办机构；政府督查承办机构在开展督查工作时，发现行政执法单位在执法过程中有违法或者不当行为，将案件线索告知并移送行政执法监督承办机构。在线索移送中，严格移送程序，填写《案件线索移送表》，按程序审批移送，严肃工作纪律和保密纪律，建立线索办理和反馈制度，及时高效办理移送案件。

二是共商案件。建立定期会商制度，政府督查承办机构和行政执法监督承办机构每半年召开一次座谈交流会，对工作的衔接配合、提升质效进行会商；政府督查承办机构和行政执法监督承办机构根据工作需要适时召开专题会议，共同研究解决重要问题，共同商讨重大案件。

三是共同检查。建立联合检查制度，整合政府督查和行政执法监督力量，根据工作需要，政府督查承办机构和行政执法监督承办机构互邀对方共同开展政府督查或执法监督工作。

四是共用结果。建立检查结果共享机制，政府督查承办机构和行政执法监督承办机构定期将工作开展情况互相通报，互相推送移送案件的办理结果，并结合通报和推送的有关情况，有针对性地开展督查行动和执法监督行动，实现工作结果合理共用，推动相关工作取得高质量发展。

三　威宁县行政执法协调监督工作存在问题及改进建议

（一）存在的问题和困难

行政执法监督机构和队伍建设方面还存在困难和不足，监督力量薄弱的问题依然不同程度存在。具体承担行政执法监督工作的人员不足，现阶段的执法监督更多是集中在事前和事后监督阶段，事中监督不够；部分行政执法单位行政执法协调监督机构和人员都是兼职承担执法监督工作。

行政执法监督案件办理机制有待完善。如受理的部分行政执法投诉举报案件，已经过了最长的法定救济时限，此类案件无法按法定程序提请监督机关撤销或确认违法，只能协调涉及的执法部门进行化解，但无相关法定依据的情况下，很难和执法部门进行协商解决，一旦处理不妥当，就会诱发新的上访案件发生。

需加强后备法律人才力量。虽然各行政执法部门已建立本单位重大执法决定法制审核制度，但依然存在法律专业人员紧缺，特别是通过国家法律职业资格的人员少的问题。截至 2022 年底，全县执法单位中通过司法考试的仅 40 人，符合条件的法制审核人员较少，法制审核队伍力量不足。

（二）工作改进建议

针对加强行政执法监督机构及队伍建设方面，建议由上至下，在司法行政部门加挂"行政执法监督局"牌子，并成立副科级或以上的"行政执法协调监督中心"，增加人员编制，配齐配强人员，充实行政执法协调监督力量。在各行政执法部门增设行政执法协调监督科（股），专门配备与本部门监督工作相适应的行政执法协调监督人员，承担本部门行政执法协调监督工作，进一步规范行政执法和行政执法协调监督工作。强化行政执法监督人员的学习和培训，每年度由上级司法行政部门定期组织执法协调监督人员进行政治理论和业务知识培训，不断提高行政执法协调监督人员解决工作中困难和问题的能力。

加强法制审核队伍建设。建议在公务员或事业单位招聘中，加大对法学专业人员特别是具备法律职业资格人员的倾斜力度，有针对性地招聘法律专业人才，加强法治人才队伍建设。同时在制度上进一步完善行政执法监督案件办案程序，解决开展行政执法监督工作无法可依的问题，真正做到行政执法监督全流程覆盖。

赫章县的行政执法协调监督

赫章县紧紧围绕行政执法协调监督试点相关工作要求，努力构建"四全"监督模式，从精简制度、明确对象、划清责任、重点案件关注等方面开展创新协调监督工作，总结归纳出其独有的"从一到十"工作经验；对行政执法协调监督工作进行了深入探索的同时，也对出现的问题进行反思；既提升了行政执法的质量和效能，也为后续行政执法协调监督工作体系建设提供了宝贵的经验。

一 赫章县行政执法协调监督工作主要做法及成效

自 2022 年 7 月开展行政执法协调监督试点工作以来，赫章县结合《毕节市开展行政执法协调监督工作体系建设试点工作实施方案》，认真贯彻落实毕节市全市行政执法协调监督工作体系建设试点工作动员部署会议精神，紧紧围绕问题导向、目标导向，构建全方位、全流程、全天候、全清单"四全"监督模式，按照一个办法设顶层、两类监督对象清、三个衔接力量大、四张清单内容明、五家整合减重复、六个结合方式新、七个制度作保证、八个专项护民生、九个重点抓规范、十个按月推进程的"从一到十"工作思路，推动协调监督措施精准便捷，在实践中取得了初步成效。

（一）精简文件，便捷制度实施过程

为减少发文数量和发文篇幅，增加顶层设计的简洁性、操作性、逻辑性，赫章县紧紧围绕市县的实际情况，顶层设计层面只制定《赫章县行政执法协调监督实施办法（试行）》一个文件，即所谓的"一个办法设顶层"。全文共 34 条，基本涵盖了协调监督领导小组、人员构成、议事规则、过程监督、责任追究等方面的内容，每个条款都具备较强的操作性，并设计相应表格，文件印发后县的层面基本不用再出台其他配套文件，各执法单位也可不再制定相应文件，极大地减少了工作环节和发文数量，使工作能迅速地布置并开展到基层。如规定在社会监督员的选择方面，结合赫章县各区实际情况，《赫章县行政执法协调监督实施办法（试行）》的第 7 条第 3 款规定了"每个县直行政执法部门须选聘 5 名社会监督员、每个行政村（社区）须选聘 2 名社会监督员"。全县依照规定落实下来后共选聘了 1021 名社会监督员，其中县司法局还特聘了 10 名社会监督员，直接对全县行政执法监督负责，基本实现了区域、行业和层级的全覆盖。

（二）划清职责，主体身份清晰明了

明确了开展行政执法协调监督工作的主体包括县人民政府、县司法局、县直各行政执法部门法规机构、各乡镇司法所，建立了行政执法协调监督工作联席会议制度，形成了从各单位协调监督到县司法局协调监督到县联席会议研究处理到县人民政府研究决定的工作程序，形成了上下联动、左右协调的行政执法协调监督格局；明确要求行政执法协调监督机构应当主动邀请县委纪委监委、县"两办"督查室、县人大法工委、县人民检察院等具有行政执法监督职能的单位参加行政执法监督活动，整合监督力量，减少多头监督、重复检查。两类监督对象，一类是行政执法协调监督中的监督主体对行政执法的监督，另一类是原有的行政执法单位主体自身带有的监督机构。为了能更好地解决行政执法协调监督中监督主体特别是执法单位监督机构职能定位不够明确和执法单位执法对象存在交叉模糊和监管空白等问题，《赫章县行政执法协调监督实施办法（试行）》第10条规定了"行政执法监督人员不得从事行政执法工作，行政执法人员不得从事行政执法监督工作"以及第23条明确了行政执法协调监督主要是指行政执法监督机关和行政执法单位法制监督机构主导的对行政执法活动的监督以及行政执法单位对执法对象的协调监督，确保相关人员能够更加理直气壮地行使执法协调监督职责，一定程度上避免了"遇到利益争相上，遇到麻烦争相让"的现象。在实践操作过程中，赫章县文广局、公安局、综合执法局、生态环境分局等单位针对酒吧经营中的未成年人进入酒吧（酒店）、酒吧噪声等问题，各个部门通过主动协调，理顺了酒吧（酒店）的执法监管等问题。同时也将已经明确的行政执法主体向社会公布，做到内部社会双向监督。截至2022年底，已公布了行政执法主体91个、行政执法人员980名，落实行政执法协调监督专家库人员32名，统一公布投诉举报电话27个。

（三）沟通顺畅，保障案件衔接顺利

为解决行政执法中有案不办、有案乱办、有案难办和有案不移、有案难移、以罚代刑等问题，建立完善了行政执法机关执法衔接制度、行政执法与刑事司法衔接制度、行政执法监督与纪检监察机关执纪执法衔接制度三个工作衔接制度，这就是第三点"三个衔接力量

大"。《赫章县行政执法协调监督实施办法（试行）》中第24、25、26条分别规定了三方中两两的衔接方式及责任划分。建立完善了行政执法机关执法衔接制度、行政执法与刑事司法衔接制度、行政执法监督与纪委监委执纪执法衔接制度，梳理需要进行沟通衔接的事项和方式，推动了执法执纪司法的有效衔接，避免了行政执法的"单打一"现象。除了执行上级行政机关已经制定的相关规定外，重点强调了行政执法机关的学习贯彻职责、细化了应当衔接的具体事项、明确了衔接主体的责任内容和时限要求等，有效整合了相应的力量。自2022年以来，行政执法主体之间相互沟通衔接达120余次、移送公安机关案件11件，移送纪委监委立案5次7人次。行政执法、司法、监督不仅有法可依，清晰严明，同时工作效率大大提升。

（四）整合材料，梳理各项任务清单

行政执法工作涉及社会生活的方方面面，涉及主体广泛，执法内容也多种多样。对于行政执法工作的监督则更为复杂，对于相应的监督工作人员要求也更高。为解决行政执法协调监督工作内容分散、行政执法工作任务繁杂、各级发文量大面广、执法工作底线红线不清、执法人员总体素质不高等问题，赫章县就针对这一系列问题整理出了行政执法协调监督任务清单、法治建设重要文件禁止性清单、每年常规工作任务清单、国家公职人员必学书目清单等4个清单，这4个清单覆盖了行政执法协调监督工作的具体任务明细清单、对行政执法监督工作人员学习培训的材料清单、行政执法工作人员的任务明细清单。4个清单具体包含收集了行政执法协调监督工作职责16项、执法人员必学政策法律29部、必须随时抓好的常规任务共8个大项74个小项、必须注意的禁止性规定108条。清单的整理，为行政执法工作人员以及行政执法协调监督工作人员的学习培训、工作开展、纪律

要求等方面提供了标准。

在编制完善行政执法协调监督权责清单、行政部门权责清单、行政执法单位学法用法清单、法治建设常规任务清单、法治建设重点文件禁止性清单并对外公布的基础上，将行政执法单位学法用法清单、法治建设常规任务清单、法治建设重点文件禁止性清单设计为工作开展进度表格形式，并结合实际制定了赫章县行政执法情况统计月报表、赫章县行政执法监督意见书（反馈单）、赫章县行政执法跟踪回访单、赫章县行政执法协调监督联系单等表格，将权利义务告知书、执法监督承诺书、监督具体事项等必需内容全部设置到表格上，每次督查检查带上清单表格，对照检查过筛子，逐项核实来销账，解决了"文件庞杂难读全、表格一堆填不清"等问题，实现了"一张表格管监督"。

（五）多头并进，五家七联提高效率

为解决行政执法多头监督、重复监督以及监督力量薄弱等问题，明确了县行政执法协调监督机构可以根据工作需要，主动邀请县委纪委监委、县"两办"督查室、县人大法工委、县人民检察院等具有行政执法监督职能的 5 家单位参加行政执法监督活动，实行工作联督、示范联创、信息联通、培训联办、纠纷联调、调研联动、案卷联评的"七联"工作机制，整合了监督力量、提高了工作效能。2022年以来，共整合力量监督检查 3 次，解决争议问题 20 余个。检察院和司法局的联动工作效果尤为明显，如六曲河镇陈大勇行政监督案、诺素米廊公司行政处罚案等案件均因多方介入而得到了妥善解决。

（六）多措并举，全面建立监督网络

为适应新形势、新环境、新情况、新要求，赫章县明确了行政

执法协调监督机构可以采取定点督查与随机抽查相结合、综合督查与专项督查相结合、书面督查与实地检查相结合、网络检索与实地核验相结合、面上巡查与驻点督查相结合、交叉检查与集中评查相结合等"六个结合"的方式，灵活开展行政执法协调监督，确保务实管用要求落实到位。建立"1+N"投诉举报热线。明确全县行政执法监督投诉举报电话，明确各行政执法单位投诉举报电话、电子信箱、通信地址和邮政编码并由县司法局统一收集、对外公布；设计赫章县行政执法协调监督联系单，并由各行政执法单位向相对人发放，确保行政相对人时时、处处可以行使监督权。建立行政执法跟踪回访制度，制作赫章县行政执法跟踪回访单，明确办案承诺、回访事项、监督方式等内容，由回访人填写后单独保存，建立监督联系点 15 个、聘用社会监督员 1021 名，全天候接听处理投诉电话或群众意见建议，不断提升群众满意程度。如在政务服务中心和信访局，安排专人驻点监督服务，既抓好法律法规的运用解释工作，又做好法制落实的监督工作；又如在疫情严重期间，由专人开展网上监督工作，抽取相关单位执法卷宗和其他工作开展情况进行监督，共抽查相关文书 26 份；再如，对市监执法、城管执法、交通执法和文旅执法等，派员参与全程跟踪进行面上督查，发现错误及时纠正、遇到问题及时研究，2022 年已组织参与面上跟踪监督 50 余次。切实推动行政执法监督工作由"封闭"走向"开放"，增强行政执法监督公信力和权威性。形成线上线下全面覆盖，接受社会公众的全面监督。

（七）制度设置，完善监督权力来源

为解决好如何规范执行的问题，赫章县结合工作实际及市安排的试点分解任务，建立完善了行政执法协调监督工作联席会议制度、行政复议和行政诉讼管理制度、案卷评查指导制度、行政执法统计报告制度、行政执法情况专项说明制度、行政执法监督投诉举报制度、行政执法跟踪回访制度等 7 个制度，每个制度均抓住重点要做的事项，并充分考虑与已有的法律法规衔接，条数一般在 5 条左右，根据需要设计 1 张配套表格，并全部写入《办法》之中，既解决了分散凌乱不好找的问题，避免了长篇累牍难得读的情况，又做到了好记好用好操作。如设计行政执法监督意见书时，将被监督单位权利义务告知书、监督人员承诺书、综合监督反馈意见书、案件回访情况以及与执法监督相关的一些具体内容全部统一到 1 张表格上，实行"三书一表"，在保障相应权利的前提下，极大地减少了文书制作数量和相关程序；又如行政执法统计报告制度仅 5 条，但明确了需要报告的范围、时间、领导签字、挂网公布等问题，并将内容表格化，设置赫章县行政执法情况统计月报表，1 张表格解决了相应问题。

（八）关注民生，执法监督回归本心

坚持"人民中心"思想，突出执法监督重点，根据市统一部署、结合赫章县实际，每年对涉企执法、安全生产、生态环境、疾病防控、涉农执法、罚款收费、劳动社保、土地规划等 8 个关系群众切身利益、群众反映较多的领域开展 1 次行政执法专项监督，及时发现整改存在问题，提高依法治理水平。专项监督由司法局商相关单位提前下发通知，明确督察时间、内容、人员组成以及需要注意事项等。2022 年专项监督中，赫章县共下发监督意见 7 份，督促整改问题5 个。

（九）数据统计，准确抓住工作重点

赫章县针对行政执法协调监督人员少、范围大、内容杂、要求高等实际问题，明确了 9 个协调监督重点，事前重点抓好合法性审查、执法信息公开、执法人员培训和执法对象普法力度，事中主要抓好行政执法"三项制度"贯彻落实、柔性执法理念贯彻落实、行政执法程序规范，事后主要抓好行政复议、行政诉讼管理指导、案例选择编撰、案卷评查指导，确保了主责主业特征突出。2022 年以来，公布行政执法权责清单 3187 项，出具合法性审查意见书 158 份，开展行政执法案卷评查 2 次 441 件，编撰行政执法指导案例 14 个，开展行政执法培训 4200 余人次，进行普法 50 余万人次。在具体工作中，探索建立案件会商会、评估审查会、经验总结会及行政调解的"三会一调解"工作法，召开案件会商会议 11 次、案件审查会议 3 次、经验交流会 3 次，通过"三会一调"，研讨出案件风险点和解决办法，转交承办单位进行案件办理及风险化解，53 件行政复议案件中有 17 件通过调解终止审理；办结的 48 件行政诉讼案件中有 6 件通过调解结案；对 10 个行政错案进行分析研判，约谈了 4 个单位 7 名领导，对 6 个单位进行了通报批评。

（十）按月推进，十项工作按时完成

执法监督工作中不应有"见子打子"的局面，实现常态化、规范化的监管和执法是最终目的。为此赫章县制定了 10 个按月：一是按月推进行政执法监督检查；二是按月推进政府执法信息公开；三是按月推进法律法规培训学习；四是按月推进"双随机一公开"工作；五是按月推进重大行政决策集体研究；六是按月推进执法数据汇总分析；七是按月推进执法经验信息上报；八是按月推进政务服务事项评比；九是按月推进重大矛盾纠纷排查化解；十是按月推进执法资料收集归档。以此来推动工作有序高效开展。2022 年以来，按照每月定点督察 3 个单位、随机抽查 3 个单位的原则开展督察 10 次，覆盖了所有执法主体；办理政务服务事项 57 万余次、"双随机一公开" 306 次 1230 户、证明事项告知承诺制 2638 件、化解矛盾纠纷 1000 余件。

二 赫章县行政执法协调监督工作存在的问题及解决建议

一是行政执法监督机构和队伍建设方面还存在困难和不足，临时机构建得过多，存在同一工作几个机构办理的现象，导致实际作用发挥有待加强。建议：在已建立相应职能组织的情况下，尽量减少临时议事协调机构。如各地都在法治委员会下设置了立法委员会、执法委员会、司法委员会、守法普法委员会等机构，以响应新十六字方针，建议将协调监督工作纳入执法委员会统筹，避免机构出现重复导致的推诿等问题。

二是法治建设出台的文件过频过多过杂，有一些内容出现重复现象，有一些政策文件要求严于法律法规规章要求，导致基层任务较重、在检查中需做的资料较多，在执法中如严格执行政策则可能违背法律法规规定、如执行法律规定则可能无法贯彻执行政策。建议：出台文件尽可能整合内容，避免重复现象，对上级文件已经较为细化明确的，不要求基层必须出台文件一一对应，以期务实管用、化繁为简；对出台的政策，尽可能与已有法律法规相衔接，实现法律效果和社会效果的双赢。

三是监督机构力量薄弱，人员较少、县乡镇层面人员不够，素质参差不齐，部分执法监督心有余而力不足。建议：在县直重点执法部门设立司法局统管的法制监督机构，在乡镇整合司法所人员力量，设立分局，使分散薄弱的司法行政人员能够更加充分地发挥相应作用。

四是监督力量整合上信息不够通畅、被监督者有排斥情绪、行政执法监督结果不够好。建议：按照干部管理权限随时培训，提升法治意识，推行行政监督严于法律监督的理念、提高行政执法监督的权威性，出台对行政执法监督人员的保护措施，每年提高一个层级进行执法监督 1~2 次，使行政执法监督深入人心。

五是社会监督线索处理存在困难，有的问题不宜司法行政受理，因为一旦受理，将导致有关救济渠道冲突，特别在处理类似问题中信访和执法监督问题的划分将是难点。建议：规范内部监督处理措施，对向司法行政系统投诉举报的问题，严格遵守复议和诉讼救济渠道规则，对通过投诉举报方式处理的，按照分类信访处理渠道办理，避免多种处理方式重叠而出现救济渠道混乱的现象。

案例篇

案例一
行政执法指导案例

蔡某等人扰乱企业秩序行政处罚案[*]

一　基本案情

蔡某等人自 2020 年 9 月 29 日以来，多次在黔西县城关镇文化东路国博城施工现场阻止施工，2020 年 10 月 23 日，蔡某等人共同出资购买帐篷搭建在黔西市文化东路国博城施工工地，采取轮流值守的方式阻拦国博城项目施工，致使国博城项目停工。

二　处理结果

黔西县公安局依法对蔡某等人分别作出行政拘留十日的行政处罚。行政处罚决定作出后，蔡某等人不服，遂于 2020 年 11 月 1 日，分别以该局为被告向贵州省织金县人民法院提起行政诉讼，请求撤销该局作出的行政处罚决定。贵州省织金县人民法院经审理认定某公司取得国有建设用地使用权证、建设用地规划许可证、建筑工程施工许

---

* 本书所收录案例，凡未作特别说明的，皆为调研中由毕节市司法局提供。特此作统一说明。

可证等证件手续，即合法取得案涉国有土地使用权后，享有在该土地上施工的权利。原告诉称被告作出的行政处罚决定事实不清、证据不足、认定事实错误、程序违法理由不成立，判决驳回蔡某等人的诉讼请求。

三　案件解析

（一）案情分析

本案中蔡某等人的行为违反了 2012 年修正的《中华人民共和国治安管理处罚法》第二十三条规定，属于扰乱企业秩序的违法行为，为治安案件。应根据该法律规定予以处理。

（二）法律适用

2012 年修正的《中华人民共和国治安管理处罚法》第二十三条："有下列行为之一的，处警告或者二百元以下罚款；情节较重的，处五日以上十日以下拘留，可以并处五百元以下罚款：（一）扰乱机关、团体、企业、事业单位秩序，致使工作、生产、营业、医疗、教学、科研不能正常进行，尚未造成严重损失的；（二）扰乱车站、港口、码头、机场、商场、公园、展览馆或者其他公共场所秩序的；（三）扰乱公共汽车、电车、火车、船舶、航空器或者其他公共交通工具上的秩序的；（四）非法拦截或者强登、扒乘机动车、船舶、航空器以及其他交通工具，影响交通工具正常行驶的；（五）破坏依法进行的选举秩序的。聚众实施前款行为的，对首要分子处十日以上十五日以下拘留，可以并处一千元以下罚款。"

（三）示范点

实务中经常会有一些当事人无事生非和借故生非地阻挠扰乱他人正常的生产秩序，由于这些人往往不是以正当的途径提出正当的诉求而死缠烂打，故以往有部分行政机关不敢轻易受理此类案件且处理态度消极。本案处理程序历经行政处罚和诉讼，处罚决定得到了司法实务的肯定与支持，对于之后行政机关积极处理此类案件、发挥好行政处罚教育为主惩罚为辅的功能、更好地维护社会秩序具有典型的引导和示范意义。

柏某非法开采煤炭资源案

一　基本案情

2022 年 6 月 9 日，大方县自然资源局接大方县六龙镇人民政府报告"六龙镇大梁子村冯家院组有非法开采煤炭资源活动"，大方县自然资源局依职责进行了调查。

经查，当事人柏某，在未依法取得相关采矿手续的情况下，擅自在大方县六龙镇大梁子村冯家院组开采煤炭资源并销售。另经询问调查及收集相关证据材料了解到，柏某将非法开采的煤炭于 2021 年 11 月至 2022 年 6 月期间陆续对外销售，获利共计人民币 15600 元，即违法所得共计人民币壹万伍仟陆佰元整（15600.00 元）。

2022 年 6 月 9 日，大方县自然资源局委托贵州省地质矿产勘查开发局一一五地质大队对大方县六龙镇大梁子村冯家院组非法开采点破坏的煤炭资源量进行鉴定，根据贵州省地质矿产勘查开发局一一五地质大队 2022 年 7 月 19 日出具的《大方县六龙镇大梁子村冯家院组非法采矿造成矿产资源破坏勘测报告》："大方县六龙镇大梁子村冯家院组非法采矿造成矿产资源破坏数量为 738.66 吨。"根据大方县发展和改革局出具文件（方发改价认〔2022〕7号）中的价格认定结论，柏某非法开采点被破坏的738.66吨煤炭市场价格为人民币752694元。

二　处理结果

大方县自然资源局责令柏某停止非法开采煤炭资源的行为并对其作出：一是没收违法所得15600元，二是罚款5000元的行政处罚。

大方县自然资源局将柏某涉嫌非法采矿罪的线索依法移送公安机关处理。行政处罚决定作出后，当事人并未就行政处罚部分提出复议和诉讼。

三　案件解析

（一）案情分析

柏某未经许可擅自开采煤矿并销售，其行为违反了《中华人民共和国矿产资源法》第三条第三款规定，应根据《中华人民共和国矿产资源法》第三十九条第一款和《中华人民共和国矿产资源法实施细则》第四十二条第一项之规定进行处理。

柏某未经许可擅自开采煤矿导致非法开采点煤矿资源破坏量达到738.66吨，市场价值达到752694元。其行为根据2016年11月4日由最高人民检察院第十二届检察委员会第57次会议通过的《最高人民法院、最高人民检察院关于办理非法采矿、破坏性采矿刑事案件适用法律若干问题的解释》第三条第一款规定，已经涉嫌犯2020年修正的《中华人民共和国刑法》第三百四十三条规定的"非法采矿罪"。

（二）法律适用

《中华人民共和国矿产资源法》第三条第三款规定："勘查、开采矿产资源，必须依法分别申请、经批准取得探矿权、采矿权，并办理登记；但是，已经依法申请取得采矿权的矿山企业在划定的矿区范围内为本企业的生产而进行的勘查除外。国家保护探矿权和采矿权不受侵犯，保障矿区和勘查作业区的生产秩序、工作秩序不受影响和破坏。"第三十九条第一款规定："违反本法规定，未取得采矿许可证擅自采矿的，擅自进入国家规划矿区、对国民经济具有重要价值的矿区范围采矿的，擅自开采国家规定实行保护性开采的特定矿种的，责令停止开采、赔偿损失，没收采出的矿产品和违法所得，可以并处罚款；拒不停止开采，造成矿产资源破坏的，依照刑法有关规定对直接责任人员追究刑事责任。"

《中华人民共和国刑法》第三百四十三条第一款规定："违反矿产资源法的规定，未取得采矿许可证擅自采矿，擅自进入国家规划矿区、对国民经济具有重要价值的矿区和他人矿区范围采矿，或者擅自开采国家规定实行保护性开采的特定矿种，情节严重的，处三年以下有期徒刑、拘役或者管制，并处或者单处罚金；情节特别严重的，处三年以上七年以下有期徒刑，并处罚金。"

《中华人民共和国矿产资源法实施细则》第四十二条第一项规定："未取得采矿许可证擅自采矿的，擅自进入国家规划矿区、对国民经济具有重要价值的矿区和他人矿区范围采矿的，擅自开采国家规定实行保护性开采的特定矿种的，处以违法所得百分之五十以下的罚款。"

2016年11月4日由最高人民检察院第十二届检察委员会第57次会议通过的《最高人民法院、最高人民检察院关于办理非法采矿、

222

破坏性采矿刑事案件适用法律若干问题的解释》第三条第一款规定："实施非法采矿行为，具有下列情形之一的，应当认定为刑法第三百四十三条第一款规定的'情节严重'：（一）开采的矿产品价值或者造成矿产资源破坏的价值在十万元至三十万元以上的；（二）在国家规划矿区、对国民经济具有重要价值的矿区采矿，开采国家规定实行保护性开采的特定矿种，或者在禁采区、禁采期内采矿，开采的矿产品价值或者造成矿产资源破坏的价值在五万元至十五万元以上的；（三）二年内曾因非法采矿受过两次以上行政处罚，又实施非法采矿行为的；（四）造成生态环境严重损害的；（五）其他情节严重的情形。"

（三）示范点

在矿产资源行政案件中，行政相对人的行为不仅违法，还可能涉及刑事犯罪。实务中，行政机关不能只注重行政责任的追究，涉嫌犯罪的，一定要做好行刑衔接工作，避免以行代刑的出现。

某公司伪造监测数据排污案

一　基本案情

2021 年 3 月 4 日，贵州省环境监控中心在对某公司（某县污水处理厂一二期）进行暗查过程中，发现该污水处理厂出口在线分析仪悬挂娃哈哈矿泉水瓶，之后贵州省环境监控中心、毕节市生态环境保护综合行政执法支队和威宁县生态环境保护综合行政执法大队对该公司（某县污水处理厂一二期）进行现场执法检查，经查：该厂处于运行状态，排口化学需氧量（COD）、氨氮、总磷、总氮自动监测设备正在运行；该厂排口 COD、氨氮、总磷、总氮自动监测设备采样管均分别插入装有未知液体的娃哈哈矿泉水瓶中，COD、氨氮、总磷、总氮自动监测设备分别抽取了未知液体进行数据分析并上传至贵州省污染源自动监控管理系统；经毕节市生态环境监测中心对挂瓶样品（娃哈哈矿泉水瓶中的液体）监测分析，结果单显示 COD、氨氮、总磷、总氮均未超过该厂排放标准；出水口监测分析结果单显示 COD、氨氮、总氮未超标，总磷超标 0.03 倍。

二　处理结果

毕节市生态环境局作出行政处罚决定书。

一是依法责令该公司立即改正环境违法行为，并处以罚款 11.8 万元；二是依法将案件移送公安机关。

处罚决定作出后，行政相对人未就行政处罚部分提起复议或诉讼。

三　案件解析

（一）案情分析

该公司（某县污水处理厂一二期）"篡改、伪造自动监测数据"的行为违反了《中华人民共和国环境保护法》第四十二条第四款和《中华人民共和国水污染防治法》第三十九条的规定，应根据《中华人民共和国环境保护法》第六十三条第三项、《中华人民共和国水污染防治法》第八十三条第三项、《行政主管部门移送适用行政拘留环境违法案件暂行办法》第六条第二项和《贵州省生态环境保护行政处罚自由裁量基准（试行）》（2020 年版）的规定进行处理。

（二）法律适用

《中华人民共和国环境保护法》第四十二条第四款规定："严禁通过暗管、渗井、渗坑、灌注或者篡改、伪造监测数据，或者不正常运行防治污染设施等逃避监管的方式违法排放污染物。"《中华人民共和国水污染防治法》第三十九条规定："禁止利用渗井、渗坑、裂隙、溶洞，私设暗管，篡改、伪造监测数据，或者不正常运行水污染防治设施等逃避监管的方式排放水污染物。"《中华人民共和国环境保护法》第六十三条第三项规定："企业事业单位和其他生产经营者有下列行为之一，尚不构成犯罪的，除依照有关法律法规规定予以处罚外，由县级以上人民政府环境保护主管部门或者其他有关部门将案件移送公安机关，对其直接负责的主管人员和其他直接责任人员，处十日以上十五日以下拘留；情节较轻的，处五日以上十日以下拘留……（三）通过暗管、渗井、渗坑、灌注或者篡改、伪造监测数据，或者不正常运行防治污染设施等逃避监管的方式违法排放污染物的……"《中华人民共和国水污染防治法》第八十三条第三项规定："违反本法规定，有下列行为之一的，由县级以上人民政府环境保护主管部门责令改正或者责令限制生产、停产整治，并处十万元以上一百万元以下的罚款；情节严重的，报经有批准权的人民政府批准，责令停业、关闭……（三）利用渗井、渗坑、裂隙、溶洞，私设暗管，篡改、伪造监测数据，或者不正常运行水污染防治设施等逃避监管的方式排放水污染物的……"《行政主管部门移送适用行政拘留环境违法案件暂行办法》第六条第二项规定："《环境保护法》第六十三条第三项规定的通过篡改、伪造监测数据等逃避监管的方式违法排放污染物，是指篡改、伪造用于监控、监测污染物排放的手工及自动监测仪器设备的监测数据，包括以下情形……（二）破坏、损毁监控仪器站房、通信线路、信息采集传输设备、视频设备、电力设备、空调、风机、采样泵及其他监控设施的，以及破坏、损毁监控设施采样管线，破坏、损毁监控仪器、仪表的……"

（三）示范点

某公司（某县污水处理厂一二期）伪造自动监测数据案性质恶

劣，该案的警示意义在于该公司曾被毕节市生态环境局威宁分局列为环境监管执法正面清单企业，除涉及信访投诉和重大环境污染问题外，对其一般不开展现场检查。但正面清单并不是免责清单，谁违法排污谁就要付出代价，实务中行政机关也要加强对这一类"正面清单"企业开展行政执法检查。

某网络出行科技有限公司未经许可从事道路旅客运输行政处罚案

一　基本案情

2020 年 11 月 4 日，某网络出行科技有限公司驾驶员刘某驾驶贵 F78L09 号车在学院路，被七星关区交通运输局查获。经执法人员调查：2020 年 11 月 4 日，某网络出行科技有限公司驾驶员刘某驾驶贵 F78L09 号车通过某平台从毕节新宇大厦接送乘客孙某某，双方约定送乘客孙某某到达毕节飞雄机场，查获时，孙某某已通过手机支付 34.39 元给某平台公司，而某平台公司向驾驶员刘某支付 27.75 元。进一步核实得知，贵 F78L09 未取得道路运输经营许可证件，某平台公司也未获得七星关区交通主管部门的经营许可。

2021 年 3 月 1 日，七星关区交通运输局制作了《违法行为通知书》（七星交客违通〔2021〕第 1017-1 号）邮寄送达某网络出行科技有限公司，并告知其享有的法定权利，某网络出行科技有限公司在规定的期限内未提出任何陈述、申辩，也未提出听证申请。2021 年 3 月 24 日，七星关区交通运输局做出行政处罚决定书（七星网约交客罚〔2021〕第 1017-1 号），对某网络出行科技有限公司作出行政处罚。然而某网络出行科技有限公司既未在规定期限内履行行政处罚决定，也未在规定期限内提起行政复议或诉讼。2021 年 10 月 9 日，七星关区交通运输局依法向某网络出行科技有限公司下发催告通知书催告其履行义务，某网络出行科技有限公司在催告的期限内仍未履行义务。2021 年 12 月 3 日，七星关区交通运输局向毕节市七星关区人民法院申请强制执行，七星关区人民法院作出行政裁定书〔（2021）黔 0502 行审 103 号〕，下达后某网络出行科技有限公司于 2021 年 12 月 22 日履行了义务。

二　处理结果

七星关区交通运输局对某网络出行科技有限公司作出罚款 60000 元的行政处罚决定后，该网络出行科技有限公司既不履行行政处罚决定也不提出行政复议或诉讼，经催告后仍未在催告期限内履行。经行政机关向人民法院申请强制执行，法院下达行政裁定后行政处罚决定执行完毕。

三　案件解析

（一）案情分析

根据道路运输相关法律法规的规定，市场主体从事交通运输的前提是取得交通运输主管部门的许可。本案中某网络出行科技有限公司在案涉行政区域未经许可从事旅客运输的行为违反了道路运输法规，应根据 2019 年修正的《中华人民共和国道路运输条例》第六十三条之规定进行处理。道路运输主管部门作出行政处罚决定后其既不履行行政处罚决定又不提起行政复议或诉讼，经行政机关催告后仍不履行的，对于该种行为，没有行政强制执行权的行政机关可以依据《中华人民共和国行政强制法》（中华人民共和国主席令第 49 号）第五十四条之规定向人民法院申请强制执行。

（二）法律适用

2019 年修正的《中华人民共和国道路运输条例》第八条第一款规定："申请从事客运经营的，应当具备下列条件：（一）有与其经营业务相适应并经检测合格的车辆；（二）有符合本条例第九条规定条件的驾驶人员；（三）有健全的安全生产管理制度。"第六十三条规定："违反本条例的规定，未取得道路运输经营许可，擅自从事道路运输经营的，由县级以上道路运输管理机构责令停止经营；有违法所得的，没收违法所得，处违法所得 2 倍以上 10 倍以下的罚款；没有违法所得或者违法所得不足 2 万元的，处 3 万元以上 10 万元以下的罚款；构成犯罪的，依法追究刑事责任。"

《网络预约出租汽车经营服务管理暂行办法》（中华人民共和国交通运输部令 2019 年第 46 号）第六条第一款规定："申请从事网约车经营的，应当根据经营区域向相应的出租汽车行政主管部门提出申请，并提交以下材料：（一）网络预约出租汽车经营申请表（见附件）；（二）投资人、负责人身份、资信证明及其复印件，经办人的身份证明及其复印件和委托书；（三）企业法人营业执照，属于分支机构的还应当提交营业执照；（四）服务所在地办公场所、负责人员和管理人员等信息；（五）具备互联网平台和信息数据交互及处理能力的证明材料，具备供交通、通信、公安、税务、网信等相关监管部门依法调取查询相关网络数据信息条件的证明材料，数据库接入情况说明，服务器设置在中国内地的情况说明，依法建立并落实网络安全管理制度和安全保护技术措施的证明材料；（六）使用电子支付的，应当提供与银行、非银行支付机构签订的支付结算服务协议；（七）经营管理制度、安全生产管理制度和服务质量保障制度文本；（八）法律法规要求提供的其他材料。"第三十五条第一款规定："网约车平台公司违反本规定，有下列行为之一的，由县级以上出租汽车行政主管部门和价格主管部门按照职责责令改正，对每次违法行为处以5000元以上10000元以下罚款；情节严重的，处以10000元以上30000元以下罚款：（一）提供服务车辆未取得《网络预约出租汽车运输证》，或者线上提供服务车辆与线下实际提供服务车辆不一致的；（二）提供服务驾驶员未取得《网络预约出租汽车驾驶员证》，或者线上提供服务驾驶员与线下实际提供服务驾驶员不一致的；（三）未按照规定保证车辆技术状况良好的；（四）起讫点均不在许可的经营区域从事网约车经营活动的；（五）未按照规定将提供服务的车辆、驾驶员相关信息向服务所在地出租汽车行政主管部门报备的；（六）未按照规定制定服务质量标准、建立并落实投诉举报制度的；（七）未按照规定提供共享信息，或者不配合出租汽车行政主管部门调取查阅相关数据信息的；（八）未履行管理责任，出现甩客、故意绕道、违规收费等严重违反国家相关运营服务标准行为的。"

本案中该网络出行科技有限公司的行为同时违反了2019年修正的《中华人民共和国道路运输条例》和《网络预约出租汽车经营服务管理暂行办法》（中华人民共和国交通运输部令2019年第46号），因前者是行政法规而后者是部门规章，行政法规的效力位阶在部门规章之上，故应根据2019年修正的《中华人民共和国道路运输条例》第六十三条之规定进行处理。

（三）示范点

实务中查处非法营运对保障运输安全和运输经营秩序意义重大。在本案中，当事人的行为同时违反两个以上效力位阶不同的法律规范，应适用上位法律规范。本案对该类行政案件的处理具有典型的示范和指导意义。

某药店销售劣药行政处罚案

一　基本案情

　　威宁县检察院于 2022 年 3 月 18 日在开展公益诉讼监督检查工作中发现威宁县大街某药店存在过期药品上架销售的情况，遂于 3 月 30 日向威宁县市场监督管理局发出检察建议书。威宁县市场监督管理局收悉后立即组织执法人员在 2022 年 4 月 6 日对该药店进行现场检查，发现涉案药品已下架。经执法人员要求，该药店拿出涉案药品（复方黄连素片），执法人员对涉案药品进行核对："复方黄连素片"一瓶（已开封使用，还剩 4 片），生产厂家：云南明镜亨利制药有限公司，规格：100 片/瓶，产品批号：20200313，生产日期：2020 年 3 月 30 日，有效期至：2022 年 2 月，在检察院检查时已经超过有效期。执法人员当场对涉案药品实施了扣押。经查，该药店 2020 年 10 月 12 日从某商贸有限公司采购批号为 20200313，生产日期为 2020 年 3 月 30 日，有效期至 2022 年 2 月的复方黄连素片 20 瓶，进购价 7.8 元/瓶（0.078 元/片），县市场监督管理局执法人员调取该药品（复方黄连素片）的销售处方，从 2020 年 10 月 28 日至 2021

年 9 月 10 日 16 张处方共计销售 20 瓶，未发现涉案药品拆零销售的处方，当事人未能提供涉案药品相关索票索证材料、销售处方。故涉案药店存在下列违法行为：1. 销售超过有效期限的药品；2. 购进药品，未索取、保存供货企业有关证件、资料、票据；未执行进货检查验收制度；未建有真实完整的药品购销记录；3. 未凭处方销售处方药品。

二　处理结果

鉴于本案涉案药品尚未售出，货值金额低（经核算货值金额0.31 元），违法行为轻微，未造成实际危害后果，且是初次违法，能积极主动配合调查取证，如实交代违法事实并提供证据材料，综合考虑其违法行为的事实、性质、情节、社会危害程度、主观过错等因素，当事人符合《市场监管总局关于规范市场监督管理行政处罚裁量权的指导意见》及《贵州省药品监督管理行政处罚自由裁量权适用规则（试行）》减轻行政处罚的情形。依据《中华人民共和国药品管理法》第一百一十七条的规定，威宁县市场监管局对当事人作出警告，罚款 2 万元，没收被县市场监督管理局扣押的过期药品复方黄连素片 4 片的行政处罚。

处罚决定作出后，行政相对人未提起复议或诉讼。

三　案件解析

（一）案情分析

实务中对本案中违法行为一的认定存在争议，主要有两种观点。

第一种观点认为：当事人在药店经营活动中，未严格按照相关规定履行管理职责，将超过有效期药品"复方黄连素片"与其他有效期内的药品一同摆放在药店的药品拆零区的行为，违反了 2016 年修正的《药品经营质量管理规范》第一百六十二条、第一百六十三条规定，应根据 2019 年修正的《中华人民共和国药品管理法》第一百二十六条规定进行处理。第二种观点认为：根据 2019 年修正的《中华人民共和国药品管理法》第九十八条规定，当事人在经营活动中应该知道超过有效期药品（复方黄连素片）为"劣药"，其仍存放在药店的拆零药品区与有效期内药品一起摆放在药品架上，没有及时撤柜并存放于药店不合格药品区，导致过期药品（复方黄连素片）随时处于待售的状态，该行为应认定为"销售劣药"。2019 年修正的《中华人民共和国药品管理法》第九十八条之中已明确规定，属于该法第一百二十六条中强调的"本法另有规定的情形"。所以应该根据 2019 年修正的《中华人民共和国药品管理法》第一百一十七条规定进行处理。

违法行为二中，第一，当事人购进药品，未索取、保存供货企业有关证件、资料、票据的行为违反了《药品流通监督管理办法》（国家食品药品监督管理局令第 26 号）第十二条规定，构成未索取、保存供货企业有关证件、票据的违法行为。应根据《药品流通监督管理办法》（国家食品药品监督管理局令第 26 号）第三十条规定进行处理。第二，当事人未执行进货检查验收制度，未建立真实完整的药品购销记录的行为违反了 2016 年修正的《药品经营质量管理规范》第一百三十九条规定，构成未执行进货检查验收制度，未建有真实完整的药品购销记录的违法行为。应根据 2019 年修正的《中华人民共和国药品管理法》第一百二十六条规定进行处理。

违法行为三中，当事人未凭处方销售处方药品的行为违反《药品流通监督管理办法》（国家食品药品监督管理局令第 26 号）第十八条第一款规定，构成未凭处方销售处方药品的违法行为，应根据《药品流通监督管理办法》（国家食品药品监督管理局令第 26 号）第三十八条第一款规定进行处理。

（二）法律适用

2019 年修正的《中华人民共和国药品管理法》（中华人民共和国主席令第 4 号）第九十八条规定："禁止生产（包括配制，下同）、销售、使用假药、劣药。有下列情形之一的，为假药……有下列情形之一的，为劣药……（五）超过有效期的药品……"第一百一十七条规定："生产、销售劣药的，没收违法生产、销售的药品和违法所得，并处违法生产、销售的药品货值金额十倍以上二十倍以下的罚款；违法生产、批发的药品货值金额不足十万元的，按十万元计算，违法零售的药品货值金额不足一万元的，按一万元计算；情节严重的，责令停产停业整顿直至吊销药品批准证明文件、药品生产许可证、药品经营许可证或者医疗机构制剂许可证。"第一百二十六条规定："除本法另有规定的情形外，药品上市许可持有人、药品生产企业、药品经营企业、药物非临床安全性评价研究机构、药物临床试验机构等未遵守药品生产质量管理规范、药品经营质量管理规范、药物非临床研究质量管理规范、药物临床试验质量管理规范等的，责令限期改正，给予警告；逾期不改正的，处十万元以上五十万元以下的罚款；情节严重的，处五十万元以上二百万元以下的罚款……"

2016 年修正的《药品经营质量管理规范》第一百三十九条规定："企业应当建立药品采购、验收、销售、陈列检查、温湿度监测、不合格药品处理等相关记录，做到真实、完整、准确、有效和可追溯。"第一百六十二条规定："企业应当定期对陈列、存放的药品进行检查，重点检查拆零药品和易变质、近效期、摆放时间较长的药品以及中药饮片。发现有质量疑问的药品应当及时撤柜，停止销售，由质量管理人员确认和处理，并保留相关记录。"第一百六十三条规定："企业应当对药品的有效期进行跟踪管理，防止近效期药品售出后可能发生的过期使用。"

《药品流通监督管理办法》（国家食品药品监督管理局令第 26 号）第十二条规定："药品生产、经营企业采购药品时，应按本办法第十条规定索取、查验、留存供货企业有关证件、资料，按本办法第十一条规定索取、留存销售凭证。药品生产、经营企业按照本条前款规定留存的资料和销售凭证，应当保存至超过药品有效期 1 年，但不得少于 3 年。"第三十八条第一款规定："药品零售企业违反本办法第十八条第一款规定的，责令限期改正，给予警告；逾期不改正或者情节严重的，处以一千元以下的罚款。"本案中，行政机关适用 2019 年修正的《中华人民共和国药品管理法》第九十八条之规定对行政相对人的违法事实进行准确认定，适用该法第一百一十七条之规定进行处罚。事实认定清楚，法律适用准确。

（三）示范点

实务中，对此类药品销售违法行为的事实认定和法律适用争议大，难度高。本案中，行政机关对违法行为进行准确认定后，准确适用法律规范，严格按照上位行政裁量权行使标准进行处理，充分发挥了行政处罚的教育警示功能，法律效果和社会效果并重，本案对今后实务中该类问题的解决起到了典型的示范和指导作用。

案例篇

案例二
行政执法典型案例

李某某经营未附检疫证明生猪案

一　基本案情

2021 年 5 月 11 日上午 9 时 20 分，黔西市农业农村局接黔西市协和镇农业服务中心工作人员彭某电话报告，李某某用一辆解放牌重型特殊结构货车（车牌号为：辽 PA ＊ ＊ ＊ 6）拖运一车生猪经过该镇高速路口收费站时，被收费站工作人员和镇农业服务中心工作人员拦截，该车生猪未附有检疫证明。经请示局分管领导同意后，执法人员何某、罗某、彭某于 2021 年 5 月 11 日上午 10 时 25 分赶到现场进行检查和实地了解，当事人李某某陈述：他于 2021 年 5 月 11 日上午用一辆解放牌重型特殊结构货车（车牌号为：辽 PA ＊ ＊ ＊ 6）从湖北省恩施市拖运 86 头生猪到协和镇进行销售，未附有检疫证明。执法人员当场报请局机构负责人同意对当事人李某某涉嫌经营未附有检疫证明生猪的违法行为进行立案调查，调查取证，对其经营的生猪进行了检查，制作了现场检查笔录，并对这批生猪进行了非洲猪瘟病毒荧光 PCR 检测和检疫，分别由黔西县某定点屠宰场有限公司和协和镇农业服务中心官方兽医出具了《非洲猪瘟病毒荧光 PCR 检测报告》

和动物检疫合格证明，对当事人进行了询问，制作了询问笔录，对车主李某某进行了询问，制作了询问笔录，调查过程中拍摄照片 5 张。这 86 头生猪经检疫合格后由当事人在黔西县某定点屠宰场有限公司进行屠宰销售。这 86 头生猪经贵州黔峰高速公路建设有限公司协和收费站公路车辆超限检测，其重量共为 16.74 吨（16740 公斤），发改部门提供 2021 年 5 月 11 日发布的黔西市生猪价格为 18 元/公斤，经测算其货值金额为 301320.00（16740 公斤×18 元/公斤）元。

二 查处情况

依据《中华人民共和国动物防疫法》第一百条："违反本法规定，屠宰、经营、运输的动物未附有检疫证明，经营和运输的动物产品未附有检疫证明、检疫标志的，由县级以上地方人民政府农业农村主管部门责令改正，处同类检疫合格动物、动物产品货值金额一倍以下罚款；对货主以外的承运人处运输费用三倍以上五倍以下罚款。违反本法规定，用于科研、展示、演出和比赛等食用性利用的动物未附有检疫证明的，由县级以上地方人民政府农业农村主管部门责令改正，处三千元以上一万元以下罚款"的规定，鉴于立案后，当事人积极配合调查，违法行为没有造成严重后果，属于第一次违法，为体现处罚与教育相结合的原则，当事人的情形符合《中华人民共和国行政处罚法》第二十七条关于从轻处罚的规定和农业农村部《规范农业行政处罚自由裁量权办法》第十一条第四项"只规定最高罚款倍数未规定最低罚款倍数的，从轻处罚一般按最高倍数的百分之三十以下确定"的规定，黔西市农业农村局按照货值金额 10%的罚款进行处罚，计处罚款人民币叁万零壹佰叁拾贰元（￥30132.00 元）整。

三 案件启示

当事人李某某经营未附有检疫证明生猪的行为，违反了《中华人民共和国动物防疫法》第二十九条第一款第三项"依法应当检疫而未经检疫"和第五十一条"屠宰、经营、运输的动物，以及用于科研、展示、演出和比赛等非食用的动物，应当附有检疫证明；经营和运输的动物产品，应当附有检疫证明、检疫标志"之规定，应当给予行政处罚，事实清楚，案件定性准确，证据确凿。因当事人存在从轻处罚的情形，作出从轻处罚决定，适用法律、法规正确，处罚金额适当。毕节市经营、运输的动物未附有检疫证明的违法行为时有发生，该案对类似案件有示范意义，尤其是发改部门提供生猪价格测算其货值金额的方法具有很好的借鉴作用。

贵州某贸易有限公司利用溶洞、私设暗管排放水污染物案

一　基本案情

2022 年 4 月 25 日，毕节市生态环境局黔西分局执法人员对该公司现场检查时发现，该单位精煤场地淋溶废水经围墙缝隙外排至围墙外的土地，经土地消纳，毕节市生态环境局黔西分局委托贵州锐博环境监测服务有限公司对外排水进行采样监测，2022 年 5 月 6 日贵州锐博环境监测服务有限公司出具了监测报告，报告编号：GZRB（检）2022005003HJ，报告显示，悬浮物 154mg/L，化学需氧量 633mg/L，分别超标 2.2 倍和 9 倍，执行《煤炭工业污染物排放标准》（GB20426—2006）表 3 新（扩、改）建生产线标准限值。2022 年 5 月 22 日现场检查时发现，该单位场地淋溶水经围墙流入围墙下方设置的收集沟，经收集沟进入淋溶水收集池，淋溶水收集池未做防渗处理，未设置回抽装置，在淋溶水收集池右下侧设置有两根黑色塑料管道，管径约 5 厘米，收集池中的淋溶水经两根黑色塑料管道排入距淋溶水收集池约 4 米的溶洞内，毕节市生态环境局黔西分局委托贵

州锐博环境监测服务有限公司对围墙外场地淋溶水收集池的水样进行采样监测，2022 年 5 月 27 日贵州锐博环境监测服务有限公司出具了监测报告，报告编号：GZRB（检）2022005074HJ，报告显示，该单位排入溶洞的废水中悬浮物 157mg/L，化学需氧量 89mg/L，分别超标 1.2 倍和 0.27 倍，执行《煤炭工业污染物排放标准》（GB20426—2006）表 3 新（扩、改）建生产线标准限值。

二　查处情况

该单位利用溶洞、私设暗管排放水污染物的行为违反《中华人民共和国水污染防治法》第三十九条的规定，依据《中华人民共和国水污染防治法》第八十三条第三项的规定，2022 年 6 月 17 日毕节市生态环境局黔西分局依法向该单位送达了《毕节市生态环境局行政处罚事先（听证）告知书》[毕环（黔）罚告〔2022〕24 号]，该单位在规定期限内未提交陈述申辩材料，未申请听证，在 7 月 1 日提交了一份情况说明，并以积极整改为由，请求减轻行政处罚，对此，毕节市生态环境局及黔西分局召开案件集体讨论领导小组研究，认为该单位申请减轻处罚的理由符合《贵州省生态环境保护行政处罚自由裁量基准》（2021 年版）第七条第二项第一点减轻情形，结合《贵州省生态环境保护行政处罚自由裁量基准》（2021 年版）水污染防治类表 11 相关裁量因素，2022 年 7 月 26 日毕节市生态环境局及黔西分局下达了毕节市生态环境局行政处罚决定书［毕环（黔）〔2022〕28 号］：对该单位罚款 170000.00 元（人民币大写：壹拾柒万元整）。

依据《中华人民共和国环境保护法》第六十三条第三项之规定，

2022 年 8 月 4 日，毕节市生态环境局及黔西分局将案件线索移送公安机关，8 月 8 日公安机关受理了该案件，10 月 7 日，黔西市公安局下达了行政处罚决定书：对涉案公司直接负责人朱某某行政拘留七日。

三　案件启示

执法人员在 2022 年 4 月 25 日检查发现违法行为后，及时进行复查，锁定企业利用溶洞、暗设私管偷排证据，同步开展采样监测，为案件办理争取了时间，并全程跟踪整改情况，减轻危害后果。对企业超过陈述期提出的情况说明，依然进行了核实，并采纳减轻处罚的理由，体现了处罚与教育相结合原则。对达到移送标准的违法行为及时移交公安机关处理，对环境违法行为人起到极大教育、警示及震慑作用。

七星关区某旅游文化发展有限公司
拖欠劳动报酬案

一　基本案情

2021年9月10日，毕节市人社局劳动保障维权窗口接到夏某某、尚某、侯某投诉，反映七星关区某旅游文化发展有限公司（以下简称"旅游文化公司"）拖欠夏某某等3人劳动报酬。市人社局于2021年9月13日立案调查，并于2021年9月27日向旅游文化公司送达了劳动保障监察调查询问通知书，要求该公司提供员工工资花名册等相关证据材料并接受询问，旅游文化公司未按要求在规定时间内提供相关材料和接受询问。经向夏某某、尚某、侯某等人询问调查，并查询相关财务资料，核实旅游文化公司拖欠夏某某、尚某、侯某等3人工资142839.14元。2021年10月12日，市人社局向旅游文化公司下达了劳动保障监察责令改正决定书，并于当日送达（通过微信将文书发送给法定代表人，但未回复，同时到公司的原办公场地采取留置送达，有见证人），要求旅游文化公司收到责令改正决定书之日起15日内支付所拖欠工资并将支付凭证报市人社局备案，但该

247

公司逾期未履行。通过进一步调查,发现该公司经营不正常,办公室已转租,但公司未注销,法定代表人长期处于失联状态。

二 查处情况

2021 年 11 月 5 日,市人社局将相关证据移交公安机关。2021 年 12 月 17 日,公安机关立案侦查,并对旅游文化公司法定代表人采取刑事强制措施。2021 年 11 月 23 日,市人社局向旅游文化公司下达了劳动保障监察行政处理决定书,该公司在法定期限内既未申请行政复议或者提起行政诉讼,也未履行行政处理决定。2021 年 12 月 2 日,市人社局向旅游文化公司下达列入拖欠农民工"黑名单"决定书,并联合发改部门对该公司实施联合惩戒。2022 年 6 月 1 日,市人社局向旅游文化公司下达了劳动保障监察行政处理决定催告书,该公司未在催告书规定的时限内履行支付义务。2022 年 6 月 17 日,市人社局向七星关区人民法院申请强制执行,法院受理后于 2022 年 7 月 14 日作出贵州省毕节市七星关区人民法院行政裁决书,准予执行申请人的强制执行申请。截至 2022 年底,该案正在申请七星关区人民法院强制执行中。

三 典型意义

出于各种原因,部分案件执法人员在调查过程中,找不到具体经营办公场所,也联系不到公司的法定代表人(或法定代表人拒不配合调查),给调查取证和送达文书带来了极大"两难"问题(调查取证难、文书送达难)。本案中,因为该公司法定代表人不配合调查，一是执法人员将投诉人的询问笔录、投诉人提供的劳动合同、工资条等材料作为认定事实的依据。二是调查取证执法人员通过微信将文书发送给法定代表人，在未收到回复的情况下通过到公司原办公场地采取留置送达的方式送达，并邀请街道办、社区的工作人员作为见证人。

贵州某煤业有限责任公司金沙县高坪乡某煤矿瓦斯抽采不达标和违反安全管理规定作业案

一　基本案情

2022 年 8 月 9～10 日，国家矿山安全监察局贵州局、毕节市能源局、金沙县能源局在对贵州某煤业有限责任公司金沙县高坪乡某煤矿开展联合执法检查时发现该煤矿有以下违法行为：一是瓦斯抽采不达标组织生产。41506 运输巷掘进工作面 K0+250～K0+263m 段未按照编制并经贵州国兴矿业集团有限责任公司批复的《金沙县高坪乡鑫达煤矿 41506 回风巷沿空考察及 41506 采掘工作面瓦斯综合治理方案》要求采取顺层钻孔预抽煤巷条带煤层瓦斯并经评价达标就组织掘进作业；263～295m 段瓦斯抽采钻孔控制范围达不到要求，存在空白带，且在地质异常区域未采取加强预抽煤层瓦斯措施，抽采后未进行抽采达标评判就组织掘进作业。二是违反安全管理规定作业。41506 运输巷掘进工作面过地质构造带编制了《41506 运输巷过构造带安全技术措施》，规定过构造期间采用架棚支护和穿杆超前支护，但掘进过程中只采取了架棚支护，未采取穿杆超前支护，导致掘进至K0+267.8m时发生冒顶，造成瓦斯超限。

二　查处情况

以上行为一违反《国务院关于预防煤矿生产安全事故的特别规定》第八条第二款第一项、《煤矿重大事故隐患判定标准》第四条第五项的规定。依据《国务院关于预防煤矿生产安全事故的特别规定》第十条第一款的规定，对该煤矿作出责令停产整顿、罚款人民币陆拾万元（600000.00元）并报请贵州省能源局暂扣安全生产许可证的行政处罚。以上行为二违反《煤矿安全规程》第八条第三款的规定，依据《安全生产违法行为行政处罚办法》第四十五条第一项的规定，对该煤矿作出警告、并处罚款人民币贰万陆仟元（26000.00元）的行政处罚。合并对该煤矿作出责令停产整顿（停产整顿3天），报请贵州省能源局暂扣安全生产许可证，并处罚款人民币陆拾贰万陆仟元（626000.00元）的行政处罚。同时对该煤矿矿长尹某某作出处罚款人民币肆万捌仟元（48000.00元）的行政处罚；对该煤矿总工程师何某作出处罚款人民币捌仟元（8000.00元）的行政处罚；对该煤矿生产副矿长许某作出处罚款人民币捌仟元（8000.00元）的行政处罚；对该煤矿安全副矿长甘某某作出处罚款人民币捌仟元（8000.00元）的行政处罚。

三　典型意义

本案所查处的煤矿瓦斯抽采不达标组织生产及违反安全规定作业

的违法违规问题，在煤矿安全生产监管中具有典型的示范作用。执法人员在办理案件时佩戴了执法证，并向当事人表明身份，严格依照法定程序进行调查取证，获取的证据确凿充分，能相互印证，形成证据链，处罚主体合法、调查取证程序合法、认定违法事实清楚、适用法律准确，处罚适当。

唐某某违法占用林地建房案

一 基本案情

纳雍县林业局接到举报，唐某某因无房居住，在未办理林地使用审批手续的情况下开挖荒山，在自家承包林地内违法占用林地建房。经查，占用林地面积 200 平方米，无林木蓄积。

二 查处情况

唐某某行为违反了《森林法》第三十七条第一款之规定，属于擅自改变林地用途，根据《森林法》第七十三条第一款之规定对其进行处罚，责令其限期补植复绿 200 平方米；并处罚款 2000 元。

三 典型意义

农民占用自家承包林地建房应如何处理的问题。《森林法》第三十七条第一款规定，"矿藏勘查、开采以及其他各类工程建设，应当不占或者少占林地；确需占用林地的，应当经县级以上人民政府林业主管部门审核同意，依法办理建设用地审批手续。"本案中，唐某某主观上认为林地属于自己承包的，有权在上面建房，无须办理林地使用审批手续。其存在对法律法规不了解、缺乏法律意识从而实施违法行为。应加强此类案例宣传，让村民了解若确需使用林地建房且符合规定的可向林业主管部门申请办理自建房使用林地审批，获批后即可使用林地建房，可有效减少此类违法案件。

案例篇

案例三
行政执法监督典型案例

对纳雍县市场监督管理局违法对某中学行政处罚案的监督

2022 年 3 月 14 日，纳雍县市场监管局、教育科技局、卫生健康局联合对某中学的食品安全开展检查。现场检查发现某中学食堂操作间内储物架上有已开封使用过的花椒粒 1 袋，花椒粒袋上的标签显示生产者：贵州味源农业发展有限公司，生产日期：2021 年 5 月 13日，保质期：3 个月，配送日期：2021 年 6 月 3 日。现场称重为0.35kg。同日，现场执法人员按程序报请立案并查封扣押了涉案花椒粒袋。同时制作了纳雍县羊场中学食堂内检查出的超过保质期食品原料标签、纳雍县羊场中学食堂内检查出的超过保质期食品原料等照片。现场检查中，羊场中学食堂负责人唐某辩称"因 2022 年 2 月 22日为雪凝天气，营养餐配送的纳雍农商联不能配送，为了解决学生用餐问题，经请示校长杨某，该花椒系其与白菜等蔬菜一并在羊场街上采购，只是因装花椒袋子漏了才将该花椒装入被查的袋子内，不存在使用的花椒超过保质期问题"。询问调查某中学的陈述申辩为"涉案花椒粒系学校食堂管理人员临时自行采购，采购时为避免包装袋破漏故放在食堂遗弃的原纳雍农商联科技有限公司配送的分装袋内，分装袋上的标签不是查获的花椒粒的标签"。纳雍县市场监督管理局调查后认为，该中学用超过保质期食品原料生产食品的行为违反了《中华人民共和国食品安全法》第三十四条："禁止生产经营下列食品、食品添加剂、食品相关产品：……（三）用超过保质期的食品原料、食品添加剂生产的食品、食品添加剂；……"的规定，已构成经营超过保质期食品的违法行为。遂根据《中华人民共和国食品安全法》第一百二十四条第一款："违反本法规定，有下列情形之一，尚不构成犯罪的，由县级以上人民政府食品安全监督管理部门没收违法所得和违法生产经营的食品、食品添加剂，并可以没收用于违法生产经营的工具、设备、原料等物品；违法生产经营的食品、食品添加剂货值金额不足一万元的，并处五万元以上十万元以下罚款；货值金额一万元以上的，并处货值金额十倍以上二十倍以下罚款；情节严重的，吊销许可证：……（五）生产经营标注虚假生产日期、保质期或者超过保质期的食品、食品添加剂；……"的规定，对某中学作出罚款人民币 65000.00 元的行政处罚决定。该案发生后纳雍县司法局启动行政执法监督程序。调查认为：第一，本案案件事实认定不清。具体为认定某中学使用超过保质期的食品原料的证据之间还未形成完整闭合的证据链，据以定案的证据不足以证明定案的主要事实。第二，本案法律适用错误。具体为作出的纳市监处罚〔2022〕145 号《行政处罚决定书》中认定某中学的行为系违反《中华人民共和国食品安全法》第三十四条第一款第三项，而处罚依据却是《中华人民共和国食品安全法》第一百二十四条第一款第五项，同时，行政处罚告知书与行政处罚决定书所适用行政处罚的法律条款不一致。经向纳雍县市场监督管理局制发行政执法监督意见书要求其自行纠正后，撤销了案涉行政处罚决定。

对七星关区观音桥街道农业综合服务中心不履行法定职责的监督

　　2022 年 11 月 7 日，毕节市司法局接到范某投诉举报称其向七星关区观音桥街道农业综合服务中心申请复印其户籍农村土地承包经营权承包合同、农村土地承包经营权确权证等相关资料，但七星关区观音桥街道农业综合服务中心不予复印。市司法局收悉后立即转七星关区司法局进行执法监督，七星关区司法局监督处理后，范某继续向毕节市司法局投诉举报称七星关区观音桥街道农业综合服务中心给其出具的资料复印件存在复印不完整、未加盖公章等不规范情况。毕节市司法局知悉情况后决定对该投诉举报直接进行监督处理，并与七星关区观音桥街道农业综合服务中心相关人员进行沟通，2022 年 12 月 8 日，七星关区观音桥街道农业综合服务中心履行法定职责，并就相关情况对范某进行释明。

对毕节市公安局七星关区分局交警大队
出具交通事故认定书不规范的监督

2022 年 7 月 12 日，七星关区司法局接到毕节市司法局转办"李某某对毕节市公安局七星关分局交通警察大队出具交通事故认定书行为的投诉"一案，并于次日受理。2022 年 7 月 13 日，七星关区司法局与毕节市公安局七星关分局交通警察大队负责人联系核实相关情况。经核实，毕节市公安局七星关分局交通警察大队以第 5224014202200005314 号作出了两份交通事故认定书，而认定书内容中对当事人责任认定截然不同，原因系办案人员制作文书时打印错误，把当事人名字顺序弄错且在校验时也未发现该错误，加之交管部门系统在同一事故录入时仅有一个编号，故在更正事故责任认定后所产生的认定书编号为同一编号。经毕节市公安局七星关分局交通警察大队相关负责人联系举报人李某某，向其阐释出现错误的原因，同时帮助协调解决交通事故理赔事宜。举报人李某某得到合理的解释后对该错误的出现表示理解，并主动撤销该案件投诉。

对大方县交通运输局滥用行政权力的监督

　　大方县 60 户个体出租车经营业主投诉举报大方县交通运输局存在滥用行政权力限定单位或者个人经营、购买、使用其指定的经营者提供的商品的行为。具体为：出租车经营业主在延续经营申请许可权时，对于出租车安装的 GPS 定位设备，强制要求各业主在一家公司进行采购，且产品属于三无产品。大方县司法局收到投诉举报材料后，经初步调查发现大方县交通运输局确实存在延续经营申请许可权过程中对出租车需安装的 GPS 定位设备强制要求各业主在一家公司进行采购的行为。经向大方县交通运输局制发行政执法监督意见书要求其自行纠正后，其自行整改了该违法行为。对于 GPS 定位设备属"三无产品"的问题，因不属于行政执法监督事项，已当场正面引导各个体出租车经营业主向市场监督管理局等相关职能部门进行反映。

对金沙县民政局不履行法定职责的监督

申请人蒋某某于 2022 年 6 月向金沙县司法局申请监督金沙县民政局撤销其作出的黔金官结字第 09050014 号婚姻登记证书。金沙县司法局受理后查实，蒋某某于 2003 年 6 月 30 日与广西壮族自治区宾阳县廖某登记结婚，申请人结婚证丢失补办过程中发现其身份信息被冒用与金沙县沙土镇田某某进行了婚姻登记，不能进行补办，向金沙县民政局申请撤销登记，金沙县民政局拒绝撤销。金沙县司法局在监督过程中发现金沙县民政局在办理婚姻登记时审查不严，违反《婚姻法》中结婚双方必须亲自到婚姻登记机关进行登记的规定，程序违法，导致婚姻当事人登记错误，遂向其制发行政执法监督意见书要求其自行纠正，其收到后自行撤销了案涉婚姻登记。

对织金县后寨乡人民政府
行政执法不作为的监督

  2022 年 3 月 22 日，织金县后寨乡路寨河村大寨组杨某向织金县司法局行政执法协调监督股投诉称其已向村递交房屋改造申请两周左右仍未处置。织金县司法局联系了路寨河村及国土部门的负责人核实相关情况，并提醒对符合法定条件的要及时办理落实。2022 年 3 月 24 日，后寨国土所工作人员到村核查该农户的用地是否占用耕地红线，经核查符合修建标准，随即告知该农户将相关申请资料报送农业农村部门进行审批，后该乡国土所于 3 月 25 日依法向该农户核发乡村建设规划许可证。

附

录

附录一　毕节市开展行政执法协调监督工作体系建设试点工作实施方案

为深入贯彻落实习近平总书记关于"加强省市县乡四级全覆盖的行政执法协调监督工作体系建设，强化全方位、全流程监督，提高执法质量"的重要指示精神，贯彻落实《国务院关于支持贵州在新时代西部大开发上闯新路的意见》（国发〔2022〕2号）及《中共贵州省委贵州省人民政府贯彻落实〈国务院关于支持贵州在新时代西部大开发上闯新路的意见〉的实施意见》（黔党发〔2022〕6号）精神，根据《司法部办公厅关于同意贵州省作为行政执法协调监督工作体系试点单位的函》（司办函〔2022〕734号）及《省司法厅关于在毕节市开展行政执法协调监督工作体系建设试点工作的通知》部署要求，结合我市实际，制定本实施方案。

一　总体要求

坚持以习近平新时代中国特色社会主义思想为指导，全面贯彻党的十九大和十九届历次全会精神，深入学习贯彻习近平法治思想和习近平总书记系列重要讲话精神，按照依法有序、科学规范、统筹推进、切实可行的原则，坚持执法为民、坚持问题导向、坚持工作创新、坚持稳妥实施，紧紧围绕行政执法协调监督工作的新情况新问题，探索总结可复制可推广的经验做法，到 2022 年 10 月底前初步建立机构完备、职能明确、制度完善、机制健全、监督有力、运转高效的市县乡三级全覆盖的行政执法协调监督工作体系。在完善协调监督内容、创新协调监督方式、健全协调监督考评机制等方面积累一批具有毕节特色的工作经验和亮点，压紧压实市级执法部门法制工作机构承担本机关对本系统行政执法协调监督工作的责任，建立健全乡（镇、街道）行政执法协调监督体制机制，推动行政执法协调监督统筹协调、规范保障、督促指导作用得到有效发挥，为大力提升行政执法质量和效能、促进严格规范公正文明执法、加快法治政府建设、推进政府治理体系和治理能力现代化提供有力保障，为 2024 年年底前贵州基本建成省市县乡四级全覆盖的行政执法协调监督工作体系提供实践基础。

二 主要任务

（一）落细落实协调监督职责

依照法律、法规及国务院有关规定，根据部门"三定"规定，研究市县乡三级行政执法协调监督工作机构的工作职责，列出行政执法协调监督权责清单，明确履职方式和工作责任，充分发挥行政执法协调监督工作机构统筹协调、指导监督行政执法工作的作用。

1.编制行政执法协调监督权责清单

依照法律、法规及《贵州省行政执法监督办法》，结合实际，编制并公布市县乡三级行政执法协调监督权责清单，制定《毕节市行政执法协调监督权责清单动态管理办法》，实行动态调整。

2.明确市县乡三级行政执法协调监督机构工作职责

市县两级的司法行政机关和执法部门的法制工作机构要根据法律法规及部门"三定"规定,明确市县乡三级行政执法协调监督机构、职责、权限和依据等事项,并与协调监督权责清单保持一致。

(二)规范行政执法协调监督内容

按照《法治中国建设规划(2020—2025年)》《法治政府建设实施纲要(2021—2025年)》《法治社会建设实施纲要(2020—2025年)》及贵州省法治贵州、法治政府、法治社会建设实施方案的要求,根据《贵州省行政执法监督办法》规定,结合毕节经济社会发展实际,研究确定行政执法协调监督工作内容。

1.健全行政执法监督机制

(1)建立健全行政执法监督工作制度。根据《贵州省行政执法监督办法》等有关规定,制定毕节市行政执法监督办法等配套制度,进一步细化行政执法监督的范围、内容、程序、方式和采取的保障措施等;制定完善行政执法监督文书范本,规范行政执法监督文书制作,推动行政执法监督制度落实落细。

(2)有效落实行政执法责任制和评议考核制度。严格执行《贵州省行政执法责任制和评议考核规定》《贵州省行政执法过错责任追究办法》《毕节市行政错案问责追责办法(试行)》,抓实行政执法过错责任追究工作,提升行政执法行为质效。

2.健全行政执法协调机制

(1)健全行政执法协调工作制度。完善行政执法争议协调解决办法等制度,明确执法争议的协调方式、程序、时限,结合行政执法协调监督权责清单,充分发挥协调职能,及时解决行政执法争议。

(2)健全行政执法协同协作机制。确定乡(镇、街道)行政执法观测点，研究乡（镇、街道）行政执法规范化建设。制定加强乡（镇、街道）与县级行政执法部门协同协作的指导意见及加强综合行政执法部门与其他部门协调配合的指导意见，切实解决跨领域、跨部门综合执法争议，确保行政执法协同协作有效落实。

3. 健全行政执法衔接机制

（1）建立完善行政审批、监管、处罚等执法行为之间相互衔接机制。制定行政审批、监管、处罚衔接管理办法，明确行政审批、监管、处罚的职责、范围、内容和责任等事项，切实解决行政执法部门之间相互推诿和工作脱节的问题。

（2）健全行政执法与刑事司法衔接机制。针对一些行政执法领域有案不移、有案难移、以罚代刑的问题，进一步建立健全行政执法与刑事司法衔接制度机制。根据《行政执法机关移送涉嫌犯罪案件的规定》等有关规定，推动各有关单位强化与公安机关、检察机关等单位的沟通衔接。

（3）健全行政执法监督与纪检监察机关执纪执法衔接工作机制。根据《贵州省行政执法监督办法》《贵州省行政执法过错责任追究办法》《毕节市行政错案问责追责办法（试行）》等有关规定，制定司法行政机关向纪检监察机关移送在行政执法监督工作中发现的问题线索的规定，探索建立在行政执法监督工作中依纪依法将涉嫌违纪或者职务违法、职务犯罪问题的线索移送纪检监察机关的监督工作机制。

（三）创新行政执法协调监督方式

加强工作创新，根据职责权限和工作程序，积极探索行政执法协调监督方式，实现对行政执法的全方位、全流程协调监督。

1. 实现行政执法全方位协调监督

（1）发挥行政执法工作报告和统计分析作用。完善行政执法统计年报制度，明确行政执法年度报告的报送时间、内容、公布形式等，研究行政执法数据统计、分析的维度，为行政执法监督工作决策提供更加直观的数据支撑。

（2）加强行政执法主体和人员资格管理。公布市县两级行政执法主体名单并实行动态调整。按照《贵州省行政执法监督办法》《贵州省行政执法证件管理办法》的规定，严格行政执法人员资格管理。制定毕节市行政执法辅助人员管理制度，明确行政执法辅助人员职责权限、聘用保障、监督管理、业务培训等内容，规范行政执法辅助人员行为。

（3）健全乡（镇、街道）行政执法协调监督机制。探索加强乡（镇、街道）行政执法监督工作的有效路径，研究制定乡（镇、街道）人民政府（办事处）、县级行政执法部门设在乡镇的机构开展行政执法的协调监督机制，形成各司其职、协调配合的监督工作格局。

（4）探索建立行政执法情况专项说明制度。行政执法机关出现行政执法不作为、乱作为情形的，对依法负有行政处罚、行政许可等执法职责，但在 1 年内没有作出行政处罚、行政许可等执法行为的，在行政复议和行政诉讼中案件量大且行政错案集中的，需向本级人民政府行政执法监督机构说明情况及其原因，并形成制度成果。

（5）建立行政执法监督联系点。在全市行业商会、各类社会组织中设立一批行政执法监督联系点并进行授牌，通过建立与联系点的沟通协作机制，搭建以企业、行业组织等为集结点，分行业、分领域的行政执法协调监督网络体系，采取问卷调查、召开座谈会等方式，每年走访 1~2 次，着重调查行政执法满意度，及时掌握各领域行政执法动态，努力搭建内外联动、专群结合、优势互补、双向互动的行政执法监督体系。

2.实现行政执法全流程协调监督

（1）加强行政执法监督投诉热线建设。健全完善行政执法监督投诉举报制度，优化投诉举报事项办理流程，定期对市县乡三级行政执法监督机构受理办理的投诉举报情况进行统计分析，推进投诉举报事项及时有效办理，研判行政执法工作存在的问题并推进解决。

（2）建立行政执法跟踪回访制度。对受到行政处罚的当事人进行跟踪回访，了解行政执法行为是否合法、公正以及办案人员在执法过程中是否规范、文明，督促执法机关谨慎行使执法权，加强自我约束。

（3）提高行政执法案卷评查质效。市本级行政执法部门按照国家、省业务主管部门的要求，结合实际，制定本地区本系统行政许可、行政检查、行政处罚案件评查标准，规范行政执法案卷统一归档。

（4）开展行政执法专项监督。对关系群众切身利益、人民群众反映强烈、行政执法问题较为突出的执法领域，探索开展行政执法专项监督的方式、内容和结果运用，切实发挥专项监督的作用。

（5）加强行政执法案例指导。完善行政执法案例指导制度，规范行政执法案例推荐、编纂、发布和运用，指导和规范行政执法裁量权的行使，促进严格规范公正文明执法。在试点工作结束前编纂发布一批行政执法指导案例。

（6）建立行政执法"三项制度"评估指标体系。根据国家行政执法"三项制度"指导意见和贵州省行政执法"三项制度"实施意见，建立行政执法"三项制度"落实情况评估指标体系，为迎接国家落实行政执法"三项制度"评估提供实践经验。

（四）加强行政执法协调监督机构队伍建设

市县两级司法行政部门要会同有关部门认真研究探索行政执法协调监督工作机构队伍建设，确保行政执法协调监督职能作用充分发挥。

附录一　毕节市开展行政执法协调监督工作体系建设试点工作实施方案

1. 加强行政执法协调监督机构建设

探索行政执法协调监督机构的设置模式，配备与行政执法协调监督工作职责相适应人员，切实做到执法协调监督工作有机构承担、有人员负责。市、县两级重点行政执法部门健全内部行政执法制约监督工作机制，明确相关机构履行行政执法监督职责，通过指导行政执法规范化建设、执法投诉调查处理等，发挥内部监督质效。

2. 选优配齐行政执法协调监督人员

推动各有关单位根据所承担的职责任务和机构设置、人员编制等，积极同有关部门沟通协调，配足配强政治素质高、业务能力强，具有法学、法律背景或政府法制工作经验的行政执法协调监督工作人员。市县两级司法行政部门及行政执法部门明确专职人员从事行政执法协调监督工作。

3. 建立行政执法社会监督员队伍

制定行政执法社会监督员管理办法，邀请人大代表、政协委员、专家学者、新闻工作者、熟悉乡镇工作的网格员、法律明白人等担任行政执法社会监督员，参与行政执法监督、专题调查研究等工作，协助做好行政执法协调监督工作，推动行政执法监督工作由"封闭"走向"开放"，增强行政执法监督公信力和权威性。

4. 建立行政执法协调监督专家库

制定行政执法协调监督专家管理办法，组建以行政执法监督工作业务能手、人大代表、政协委员、专家学者、公职律师、执业律师等为成员的专家库，定期邀请参与行政执法专项监督活动、行政执法案卷评查以及重大行政执法问题研究讨论，发挥职业优势，推动解决行政执法疑难重大问题，提升执法协调监督效能。

5. 建立执法人员和监督人员培训管理制度

制定行政执法和行政执法监督人员培训办法，加强执法培训，丰富培训方式，通过分级分类培训、网上培训、集中培训等方式，确保行政执法人员和执法监督人员年度培训时长不少于 60 学时。通过模拟执法、观摩庭审、开展以案释法、组织案卷评查等方式，提升执法人员和执法监督人员实战能力。建立执法人员培训成效检验机制，促进培训成果转化。

（五）加强行政执法工作信息化建设

依托贵州省司法云平台和贵州省行政执法"三项制度"工作平台，大力推进行政执法 App、执法监督平台应用。运用大数据、云计算、人工智能、区块链等信息技术推进跨地区、跨部门执法信息互联互通、数据共享，以科技手段实现对执法活动的即时性、过程性、系统性监督。

依托"互联网+监管"系统"双随机、一公开"监管系统，构建对企业的分级分类监管体系，切实提高监管执法的精准性，最大程度减少对企业正常生产经营的干扰，为打造法治化营商环境提供保障。全面推进贵州省行政执法"三项制度"工作平台推广应用，在金沙县试点工作基础上，在全市推广应用该平台。试点工作结束前，实现重点执法部门常态化推广应用该平台开展行政执法工作。

（六）强化行政执法协调监督保障

加强行政执法协调监督工作基本配套保障的标准化、规范化建设，加大人力物力投入力度，保障行政执法协调监督工作经费，为行政执法协调监督工作机构良好运行提供有力保证。

三　实施步骤

按照"全域推进、典型示范"的工作思路，选取部分市直执法部门、县（自治县、市、区）、乡（镇、街道）在相关任务方面打造亮点，探索总结可复制可推广的经验做法，引领全市行政执法协调监督工作体系建设。

（一）安排部署阶段（2022年7月上旬前）

1.制定实施方案

印发市级实施方案，各县（自治县、市、区）、市级执法部门对照市级实施方案要求，结合各自实际，研究制定本地具体工作方案。工作方案于 2022 年 7 月上旬前以正式文件形式报市试点工作领导小组办公室备案。

2.进行动员部署

组织召开全市试点工作动员部署会议，各有关单位要根据本级实施方案要求，组织召开试点工作动员部署会议，为工作顺利开展提供保障。

3.组织分级培训

选取试点地区进行实地调研学习，学习试点工作经验，组织市县乡三级相关人员开展培训，提高对工作任务的熟悉程度，更好推进工作任务落实。

（二）全面实施阶段（2022年8月底前）

1.组织全面实施

市县乡三级根据工作任务及工作措施、完成时限等全面、严格、规范贯彻落实各项任务，牵头单位履行牵头职责，责任部门支持配合，根据牵头的任务研究起草论证相关制度机制，在 7 月中旬报市论证后印发实施。

2. 突出重点打造

在全市全域推进的基础上，突出重点、打造亮点，综合考虑地域分布、执法状况、工作基础等因素，选取部分执法部门、各县（自治县、市、区）、部分乡（镇、街道）在相关任务方面出亮点。

3. 开展督导检查

试点工作领导小组办公室对试点工作中发现的问题开展督查通报。

4. 进行优化提升

市试点工作领导小组办公室适时组织开展试点工作现场观摩交流会议，对发现的好经验好做法及亮点工作进行全市交流推广，进一步优化提升整体试点工作。

（三）总结评估阶段（2022年10月底）

1. 总结提炼经验

各县（自治县、市、区）和市直执法部门根据工作实际，突出问题导向，总结形成不同地域、不同层级、不同类别、不同侧重的可复制、可推广经验。典型经验和重大问题及时向市试点工作领导小组办公室报告。

2. 组织评估验收

市试点工作领导小组办公室组织对市、县（自治县、市、区）试点工作情况进行验收评估，各县（自治县、市、区）对本地试点工作情况进行总结，并于2022年10月中旬前将形成的总结报告报送市试点工作领导小组办公室。

3. 形成专题报告

市试点工作领导小组办公室根据评估验收和各地试点工作完成情况，形成我市整体工作情况报告，按程序报上级司法行政部门。

四　保障措施

（一）加强组织领导

成立毕节市开展行政执法协调监督工作体系建设试点工作领导小组，市政府市长任组长，市委政法委书记、市政府分管副市长任副组长，市政府秘书长、分管副秘书长、市直有关部门和各县（自治县、市、区）政府（管委会）主要负责人为成员，领导小组下设办公室在市司法局，组建工作专班，负责日常调度工作。建立定期召开试点工作推进会议制度，每月一次听取和通报有关工作情况，研究解决具体问题，安排部署阶段性工作。按照分级负责原则，各县（自治县、市、区）政府（管委会）比照成立相应领导机构，负责统筹推进本辖区行政执法协调监督工作体系建设试点工作。各地各部门要分工负责，互相配合，形成工作合力。

（二）落实工作责任

市县乡三级按照目标化、项目化、指标化的要求，结合本地本部门行政执法工作实际制定具有可操作性的实施方案，细化分解工作任务，明确工作要求，切实做到有载体、有方法、有步骤、有时间表、有路线图。行政机关主要负责人要切实履行第一责任人职责，对行政执法协调监督工作体系建设试点工作亲自抓，负总责；分管领导要具体抓，负全责；相关人员要分头抓，负具体责任，着力形成一级抓一级、层层抓落实的领导责任体系，共同推进试点工作。

277

（三）建立健全机制

建立调度协调机制，市试点工作领导小组办公室要加强与各县（自治县、市、区）、市直各部门的沟通对接，及时汇报工作情况，一周一调度，一月一总结。建立信息报送机制，各县（自治县、市、区）、市直各行政执法部门按照每月两篇信息、每月一次总结、每季度一篇经验文章的要求，及时向市试点工作领导小组办公室报送工作开展情况、经验做法、工作亮点等。

（四）强化督导检查

市试点工作领导小组办公室要围绕试点任务落实情况，会同市督查考核局，开展定期督导、动态督导、专项督导，采取明察暗访、座谈访谈、查阅资料等方式，确保试点工作有序推进。

（五）加大宣传力度

市县乡三级要充分发挥报刊、电视、网站、微信、抖音等各类媒体的正面舆论导向作用，采取开设宣传专栏、专题报道、专家解读等形式，多渠道、全方位、多角度报道行政执法协调监督工作体系建设试点工作的重要意义、主要任务和改革成效，总结推广先进经验和典型做法，提高群众知晓率、参与率，营造浓厚的氛围。

（六）确保保障到位

市县乡三级要积极稳妥推进试点工作，协调落实好试点工作所需的机构、人员及信息系统、装备、经费等保障措施，建立责任明确、管理规范、投入稳定的行政执法和执法监督工作经费保障机制，并纳入本级财政预算。

附录二　毕节市行政执法协调监督工作体系建设试点工作配套制度（目录）

1. 《毕节市行政执法错案问责追责办法（试行）》
2. 《毕节市行政执法投诉举报处理制度（试行）》
3. 《毕节市行政执法监督检查制度》
4. 《毕节市行政执法情况通报办法》
5. 《毕节市行政执法机关内部人员干预、插手案件办理的记录、通报和责任追究办法（试行）》
6. 《毕节市行政执法公示办法》
7. 《毕节市行政执法全过程记录办法》
8. 《毕节市重大行政执法决定法制审核办法》
9. 《毕节市行政执法争议协调解决办法》
10. 《毕节市行政执法案例指导办法》
11. 《毕节市行政执法案卷管理与评查办法》
12. 《毕节市行政执法辅助人员管理办法（试行）》
13. 《毕节市行政执法社会监督员管理办法（试行）》
14. 《毕节市行政执法人员和行政执法监督人员学习培训制度（试行）》

15. 《毕节市行政执法专项说明制度（试行）》

16. 《毕节市行政执法专项监督制度（试行）》

17. 《毕节市行政执法案件回访制度（试行）》

18. 《毕节市行政执法工作报告和统计分析制度（试行）》

19. 《关于加强综合行政执法部门与业务主管部门行政执法协作配合工作机制的意见》

20. 《关于加强乡镇（街道）与县级行政执法部门行政执法案件移送及协调协作工作的指导意见》

21. 《毕节市行政执法协调监督专家管理办法（试行）》

22. 《毕节市行政检察与行政执法监督衔接机制（试行）》

23. 《毕节市行政执法案卷评查标准（试行）》

24. 《毕节市行政执法监督文书格式范本》

25. 《毕节市行政执法监督证管理办法（试行）》

26. 《毕节市行政执法证管理办法（试行）》

27. 《毕节市行政执法监督办法（试行）》

图书在版编目（CIP）数据

毕节行政执法协调监督研究／吴大华，李斌主编
. --北京：社会科学文献出版社，2023.6
ISBN 978-7-5228-1828-3

Ⅰ.①毕⋯ Ⅱ.①吴⋯ ②李⋯ Ⅲ.①地方政府-行
政执法-监督-研究-毕节 Ⅳ.①D927.734.222.04

中国国家版本馆 CIP 数据核字（2023）第 084902 号

毕节行政执法协调监督研究

主　　编／吴大华　李　斌

出 版 人／王利民
责任编辑／陈　颖
责任印制／王京美

出　　版／社会科学文献出版社·皮书出版分社（010）59367127
　　　　　　地址：北京市北三环中路甲 29 号院华龙大厦　邮编：100029
　　　　　　网址：www.ssap.com.cn
发　　行／社会科学文献出版社（010）59367028
印　　装／三河市龙林印务有限公司

规　　格／开　本：787mm×1092mm　1/16
　　　　　　印　张：18.25　字　数：230 千字
版　　次／2023 年 6 月第 1 版　2023 年 6 月第 1 次印刷
书　　号／ISBN 978-7-5228-1828-3
定　　价／168.00 元

读者服务电话：4008918866